命理生活新智慧・叢書　103

流年轉運術

金星出版社 http://www.venusco555.com.
E-mail: venusco555@163.com
venusco@pchome.com.tw
法 雲 居 士 http://www.fayin777.com
E-mail: fayin777@163.com
fatevenus@yahoo.com.tw

法雲居士⊙著

金星出版

國家圖書館出版品預行編目資料

流年轉運術／法雲居士著，
--臺北市：金星出版：紅螞蟻總經銷，
2011年6月 初版；2015年4月再刷
面；公分—
（命理生活新智慧 叢書；103）

ISBN: 978-986-6441-44-8 （平裝）

1.命書 2.改運法

293.1 100006071

流年轉運術

作　　者：法雲居士
發 行 人：袁光明
社　　長：袁光明
編　　輯：王璟琪
總 經 理：袁玉成
地　　址：台北市南京東路三段201號3樓
電　　話：886-2-25630620，886-2-23626655
傳　　真：886-23652425
郵政劃撥：18912942金星出版社帳戶
總 經 銷：紅螞蟻圖書有限公司
地　　址：台北市內湖區舊宗路二段121巷19號
電　　話：(02)27953656(代表號)
網　　址：http://www.venusco555.com
E-mail：venusco555@163.com
venusco@pchome.com.tw
法雲居士網址：http://www.fayin777.com
E-mail：fayin777@163.com
fatevenus@yahoo.com.tw

版　　次：2011年6月 初版　2018年10月加印
登 記 證：行政院新聞局局版北市業字第653號
法律顧問：郭啟疆律師
定　　價：400 元

行政院新聞局局版北字業字第 653 號

ISBN：978-986-6441-44-8 （平裝）

序

這本『流年轉運術』顧名思義就是利用流年運氣來轉變人生的一種特技。

『流年』在命理學的定義上是時間名詞加『運氣』的統稱。其意義代表是『一年中的運氣』。東方日本人、韓國人、中國人全都聽得懂這個名詞。也懂得此名詞所代表之意義。因此，這個命理學上共通的語言是十分貼近人心，讓人感受深刻的。

當然！每個人的『流年』有好有壞、有起有伏，但是它是有一個固定模式的循環運行走法及變化的。要想利用『流年法』來轉運，其實十分簡單，一點也不難，只是大家不曾注意到這人生運氣中的微小細節而已。今天我提出來，用『流年』來為自己『轉運』的方法，其實就是再次提醒大家『用再次檢視自己人生』的方法來為自己在某些重要關鑑點上做轉變。如此，就可提高自己人生的價值與成就。也轉變目前的困

流年轉運術

境或停滯不前的狀況。

『流年轉運術』很厲害！它只要利用十二個月中的某幾個吉旺月份就能幫忙你轉敗為勝了。也能幫你一舉定江山。

有的人又要提問題了，『為什麼不用大運來轉好運？』

因為『大運』的時限有十年之大，除非你連著幾個大運全在好運及時運上，其實你也根本用不著轉運了。大多數要轉運的人，都是大運不好，因此頻逢災傷、或不吉，才要轉運的。因此，在流年中，十二個流月中總有好運的月份吧！這就可以拿來做轉運的工具了，就是這個意思。故而在『流年轉運術』中真正用到的是『好的流月』，而不是真正是『流年』的。但『好的流年』，其人逢到也會特別氣清神旺、有精神及好運了，這時你可能早已忘了要『轉運』之事，而快樂的四處忙碌，像花蝴蝶穿梭於原野之上了呢！

法雲居士　謹識

命理生活叢書103

流年轉運術

目錄

第一章　好運道有各式種類，能吉中增吉

想瞭解紫微命理的精髓，就要懂得時間上的玄機，在人生命理中所代表的意義。而『流年轉運術』正是把握這個玄機來改變了人生的命運。

這是一本教你『如何轉運』的書。但是我卻要首先和你談談人生中旺運是如何產生的。因為你必需先知道旺運是如何產生的，才會弄清楚自己要改運的方向和如何的改法，才會找出步向成功的通衢大道。

流年轉運術

旺運的種類有很多，例如屬於財運方面的有**正財運**、**偏財運**、**本命財**等等。屬於做事、讀書方面的有**貴人運**、**考試運**、**升官運**、**朋友運**。屬於感情方面的有**桃花運**、**親屬運**、**家庭運**、**戀愛運**、**子女運**等等。屬於身體上面的有**健康運**。屬於管理統馭方面的有**部屬運**。屬於工作上面的有**事業運**等等。

任何一種運氣都有它起落有緻的曲線，也就是命理上稱做旺、相、休、囚的曲線特性。這種曲線特性實則與地球上的春、夏、秋、冬、大自然的更迭也有著密切的關係，其特性也相同。這是一個大自然的規則，我們很難去更改它，但只要順應它，並抓住其特質善加利用，也一樣會獲得人生旺運的成果。

每個人都擁有好運道

現在請你打開自己的命盤來看看，你會發現屬於好運吉星的宮位還真不少！那就表示說，屬於好運的年份也真不少了！事實上在每個人的命盤中都擁有相同數量的星曜，只是其組合變化不一樣而已。命理上說『吉中帶凶』或『凶中帶吉』，也就是在變化中又產生變化之意。

我們既然在一生中都擁有某些好運道，如何掌握運氣的變化，使其『凶中化吉』、『吉中增吉』，這就是人類無比的大智慧了！

通常在命理學家的眼中是沒有一生壞命和壞運的人的。因為命太壞，會夭折、死亡，在地球上便消失了。運氣又有流動和循環的規律性，除非壞運在大限、小限、流日、流時、數度重逢會有夭亡的事件產生。倘若只逢其一、二，只是產生運氣滯留不順或有傷災的狀況，只要時間的運行轉移，壞運自然而然的會過去了。

能把握運氣運行的曲線圖，就更能掌握成功的快感

同樣的，好的運氣、旺運也不是可以永久停留不走的。在天道運轉中、時間的運行、日月的穿梭、日夜的更替、季節的變化，都讓運氣向前運行，至下一個目標位置，按照命盤中運行的曲線圖，向前運行。這是一個大自然的規律，同時也是人生運程的規律性脈動，我們若能體認這個事實，便不難解脫自己固執的貪念，一定要年年、歲歲、日日、夜夜都處在高檔旺運當中。

事實上，你若真是時時刻刻都處在旺運當中，你也體會不出旺運的美妙。有人常被別人罵說：『人在福中不知福』，就是這個道理了！

運氣有起有落，人類才會運用智慧去思想，去分析，去奮鬥，向前

邁進！人類才會有希望。不但會擁有『生』的希望，同時會擁有『獲得』與『成功』的快感。

『時間』是改運的關鍵條件

『流年轉運術』這本書，主要是談利用時間的關鍵點和一些方法和技巧來巧妙的增進旺運時刻，以及躲避災難時刻。通常旺運的時刻是在一個好運的高峰點上，時間很短，往往只有一年、一個月或一天，甚至也只有一小時(偏財運時刻特重時辰)。只要抓住這個特定的時刻，很多事便能成功。

災難的時刻則是在弱運的最低點上，時間也很短，往往也只經過一年、一個月或一天，也甚至只有一小時左右。例如要躲避血光之災或車禍之類的災害，『時辰』上的重要性便非常緊要了。避過那個特定的

流年轉運術

▽流年轉運術

『時辰』，血光、車禍便能避免，在你來說，何樂而不為呢？

並且運氣的曲線是，在經過最低點的時刻之後，緊接著便要向上爬升了，命理學上稱之為『否極泰來』就是這個道理了。

利用紫微改運術，不但能確知好運的時刻，也能確知惡運的時刻。好運時引頸相待、如沐春風。惡運時，躲開惡神蒞臨的時間，繼而轉入『否極泰來』的起運時刻，這不豈是人人引以為傲的智慧，和達到真正改運的目的了嗎？

因此我說『流年轉運術』能創造人生旺運奇蹟是一點也不為過的了！

第二章　時間是轉運的關鍵特點

想要改運的人有很多。但是此時適不適合改運？或是改運會不會成功的問題，總是縈繞著你。現在，我們就一同來關心這個問題！

第一節　想轉運者的心中渴望

人存活在天地之間，實際上也是跟隨著宇宙、天地之間的物質而一起脈動、呼吸的。人一生的歷程生、老、病、死也和天地間的春、夏、秋、冬氣候的運行也近似。既然宇宙、天地間的規律是如此固定循環的一個變化，我們當然也可明瞭人生運氣的起落、上下也就會有一定的脈絡可尋。

有那些人需要改運

一、手邊窘困沒錢時想要改運

通常人在手邊窘困沒有錢的時候，內心的慾望特別多，特別想花錢。此刻好像在物質的滿足上便成了你最大的需求了。倘若再加上平日必需的開銷不能平順的擺平，此刻你內心的忿忿不平之氣就會漫延開來了。

『為什麼不能發個大財？來解決眼前的問題呢？』你總是這樣想著。

『誰又能幫我解決這些問題呢？』於是你想到了『改運』！

二、人生欲振乏力時想要改運

許多人在三十六歲至四十歲時，看一看別人，比一比自己而想要改運。看得當然多半是以前朋友輩的人，為什麼他們現在比自己過得好？老天爺真是不公平，還是早一點改運吧！

還有一些人到了五十歲時，才想到改運，年紀已過半百，奮鬥的衝勁已大打折扣，大運運限還有機會嗎？這些都是問題。

也有人是在工作職務上始終沒有良好的升遷機會，或是升遷的速度或官位並不合自己理想的人，想要改運以增旺氣。這些人是有衝勁、有權力、慾望，願意積極奮發，但也很計較結果的人。

另有一些人，常常在換工作，處處不滿意，一直想發大財，而生性懶散，並不想多付出勞力的人。這些人只想坐享其成，他們也很想改運，看看是否能有捷徑功成名就，升官發財！

三、人生中遇到災禍時想要改運

人生的運程是起起伏伏的曲線圖，很像股票指數高低的曲線圖。幾乎是沒有任何人的人生運程會成一直線的平穩，每一個災禍發生的時刻都在人類運程的低潮時刻。物極必反的道理，此時刻同時也是『否極泰來』的前奏時刻，於是此人想到了改運。

有些人遇到了車禍血光、身體上遭到痛苦和傷害，回顧事件的發生，真是千均一髮！自己竟然存活了下來，運氣到底是好還是壞呢？以免日後再次受到血光之災，於是想到了『改運』！

有些人因為生意失敗，負債纍纍，想要扭轉負債的劣勢，總覺得自己應該不是如此壞命的人，而想改運。

更有些人遇到感情的挫折，心愛的人離開了或分手了。人生中這種生離死別的事件一再重演，而想到改運。

還有些人被騙或遭盜竊損失，不願事件再重複發生，而想到改運。

四、人生遇到轉捩點時想改運

某些人在大運將起或是在大運將盡的時候，急於改運。雖然他們並不是很確切的知道自己大運的起迄點，但是在這個關鍵的時刻裡，他們卻確實的知道，即將有一個轉變會發生。到底這個轉變是好？是壞？為求保險起見，還是先改一下運氣，來做為吉運的保證吧！

五、整個家族在遇到疾病困厄，諸事不順時想要改運

同住在一起的整個家族的人，運氣往往是相互影響，彼此糾纏環繞

的。有時候因家庭中的某一個份子得到重病，而全家經濟便陷入困境，有時候會引發家庭中其他的份子相繼得病，或是遇到災禍傷災等事，連連的不順，生活的希望受到鞭策打擊時，人不得不求助神力，而想改運。

想改運者的共通點

從以上這些想改運的人的原因中，我們不難發現有一些共通點，就是：

1. **人在沒法掌握控制生活中所出現的問題**、情況與環境時，常想借助外力、神力來改變它。
2. **想要改運的人**，其人往往其內心的企求是大過於他自己所能努力的範圍的。

3 **『改運』雖是一個手段**，但是想改運者本身對於『改運』這件事並不明瞭，而且是抱著將信將疑的態度。或者是姑且信其有的態度。

4 **想改運者往往對『改運』這件事抱著極迫切而且巨大的企望**，常常無以自拔，而且忽視了本身所應該做的努力。例如應回顧或檢討事件的起因原由，或可能得到的繼續結果等問題。

回顧檢討事件的起因原由，可幫助我們更深入的瞭解自己目前的處境，和何以至此的來龍去脈。**分析看看**：若沒有採取任何的行動，以目前的困境而言，最壞的結果是什麼？有了上述的檢討與分析，你才會真正瞭解到『運』要怎麼改？如何改才會有效？而不是在人云亦云的道聽塗說的去『改運』！花了冤枉錢而又浪費了時效性與自己的精神。

第二節　時間會改變一切

我就曾提到運氣有起伏、揚抑、循環的特性，需要改運的人，更需要掌握這種起伏、頓挫、循環的韻律規則，掌握得好，改運一定會成功！掌握得不好，則需再等待三個月至一年之久。**因此掌握『時間』的關鍵時刻便是『改運』的第一要件了！**

第二個關鍵要件就是：你是不是具有絕對的意志力與改運的企圖心？倘若你只是抱著改改玩玩的態度或是試一下也無妨，這個改運的成果績效是會大打折扣的。有道是：凡事『心誠則靈』！沒有誠正心意去做事，實行細密規劃事物的能力，則無論做任何事都是半吊子，而無法成功的了。

第三個關鍵要件就是：要知道自己的『用神』是什麼？從而得知自

己的吉方方位。在吉方方位找尋可以幫助你的貴人，並且在改運的期間，儘量多待在吉方方位的地方。並注意自己在生活中的小細節也要以吉方方位為主，例如書桌位、床位、房間的門向等等。並且在吉方方位尋找對你『改運』有助益的廟宇、神祉去參拜。如此會對你『改運』的行動更加了一把勁！助益很大。找到正確的守護神所司管轄的事務，祈求其保祐，『改運』成功，指日可待！例如『改運』的事情是與錢財有關的，在你的吉方去尋找行天宮、關聖帝君廟去參拜，會特別有效。例如是因車禍原因要『改運』的人，則應在自己用神的吉方尋找觀士音菩薩及關聖帝君的廟宇來參拜，避凶而趨吉。

第四個關鍵要件就是：把自己的命盤格局熟記下來。那一個宮有些什麼星曜坐鎮？十二個宮位中的主星都要熟記清楚。另外還要學會算流年、流月、流日的方法。如此一來便能很確切的掌握弱運、惡運、吉運會發生的每一個日子了。你更可以觀看每一天的吉凶。並且可預知即將發生之惡運的性質與時間。是錢財問題？是血光災禍？是人災？是火災？還是水難？

例如流年、流月、流日三種運氣皆逢財星太陰或武曲居陷加化忌時，肯定是錢財上的困難。大、小限加流月、流日三度重逢羊刃為血光之災。遇有『廉殺羊』格局時為車禍血光，很嚴重，有性命之憂！遇有巨門、火星、羊刃在三合宮位照守時有火災，或自殺的徵兆。有太陽、紅鸞、廉貞和火星、鈴星在同宮、對宮或三合照守時也會有火災的狀況。有破軍、文昌或破軍、文曲同宮或相照時會有窮困和水中溺斃之事，必須小心！

流年、流月、流日，還要加上流時的算法，此種算法非常準確！我們常可發現羊刃(擎羊星)所在的宮位，就是發生血光災禍或死亡的時間，並且命盤中有『羊陀夾忌』格局的人，在正坐化忌流年、流月時也會遇難。例如前高雄市議員林滴涓小姐在甲寅年年運正逢太陽化忌，又為『羊陀夾忌』之惡格，太大意之故，而遭綁架遇難。

因此，精算大運、流年、流月、流日、流時，實可成為預防災禍，警惕自己免於踏入災禍、惡運的最佳方法！這是每一個人都必需熟知熟記的方法。

流年、流月、流日、流時的精算法

流年的看法：

流年是指當年一整年的運氣。子年時就以『子』宮為當年的流年。以『子』宮中的主星為該年的流年命宮的主星。倘若是丑年，就以『丑宮』為流年命宮，卯年以『卯宮』為流年命宮。辰年以『辰宮』為流年命宮。宮中的主星就是流年運氣了。以此類推。

卯年中，以『卯宮』為流年命宮，寅宮為流年兄弟宮、丑宮為流年夫妻宮，子宮為流年子女宮，亥宮為流年財帛宮，戌宮為流年疾厄宮，酉宮為流年遷移宮，申宮為流年僕役宮（朋友宮），未宮為流年事業宮，午宮為流年田宅宮，巳宮為流年福德宮，辰宮為流年父母宮。如此就可觀看你卯年一年當中與六親的關係，及進財、事業的行運吉凶了。

流月的看法：

流月是指一個月中的運氣。

要算流月，要先找出流年命宮（例如卯年以卯宮為流年命宮），再由流年命宮逆算自己的生月，再利用自己的生時，從生月之處順數回來的那個宮，就是你該年流年的一月（正月）。

舉例：某人是生在五月寅時。卯年時正月在丑宮（從卯逆數五個宮，再順數三個宮那是正月）

※幾月生就逆數幾個宮，幾時生就順數幾個宮，就是該年流月的正月，再順時針方向算2月、3月……

5月 巳	6月 午	7月 未	8月 申
4月 辰			9月 酉
3月 卯			10月 戌
2月 寅	1月 丑	12月 子	11月 亥

流年轉運術

流日的算法：

流日的算法更簡單，先找出流月當月的宮位，此宮即是初一，順時針方向數，次一宮位為初二，再次一宮為初三……以此順數下去，至本月最後一天為止。

流時的看法：

流時的看法更不必傷腦筋了！子時就看子宮。丑時就看丑宮、寅時看寅宮中的星曜……以此類推來斷吉凶。

第三章　有變動波折的年份，同時也是改變命運的轉折點

改變人生的影響力量常發生在『一念之間』，或是在一個『人生的轉折點』上，要怎樣動念和尋找轉折點便是改運成功的關鍵了！

很多人將人生比做一場賭局，在這場賭局中你要如何下注？如何收網看結果？這全盤是一場智慧的競技遊戲！

其實將人生比喻成棋局會更恰當一點。很多人在下棋走到一半的時候，眼見不妙，便弄亂了棋盤，或乾脆掀掉棋盤表示不玩了！不但下棋

流年轉運術

如此，做人也是如此，某些人惹上了麻煩，遇到了困境，便一走了之，躲避起來，讓別人去面對、去解決，如此的態度是一種不負責任的態度。既然不負責任，自己的運氣還如何會好起來呢？因此我們反而較欽佩勇於面對自己，願意挺身為自己找尋『改運』方法的朋友們。

世界上有很多事件都是在一念之間，或是在一個轉折點上改變了歷史的命運。那麼要改變一個人一生的命運又有何難處呢？不也就是在『一念之間』和一個『轉折點』之上嗎？

分析記憶中的『轉折點』

在我們的一生中，歷經嬰兒期、幼兒期、少年期、青年期……，同樣的也歷經生、老、病，也要歷經喜、怒、哀、樂，更要歷經人世間的滄桑，時時處在人世間的春、夏、秋、冬裡，歷盡人間冷暖。

流年轉運術

你有沒有想過？這些所經歷的痛苦與快樂，總是一而再、再而三的是重複上演著的。

不管你現在是四十歲、五十歲也好，是二十歲、三十歲也罷，最晚是從六歲開始起命的人，六歲也已開始具有記憶了。並且就算是你很年輕在二十歲上下的年紀，你至少已經歷了一圈全部的地支年(子、丑、寅、卯、辰、巳、午、未、申、酉、戌、亥年)可以說是『一輪』的年歲。每一個年份的好壞，雖不能完全在你的腦海中留下印象，但至少大好、大壞、有傷災，與人產生重大是非、考試讀書考不好，留級或者是拿獎狀、得獎，家中發生重大事故會影響到你的問題，總會在你的腦海中留下深刻印象吧！

流年轉運術

吉者永吉，凶者亦凶

這些種種的跡象，不論是吉也好，凶也好，將在你一生的某些固定的時刻重複發生展現著。當然！事件的類型與型式會不一樣，但『吉』的時刻，則永遠是吉事發生，『凶』的時刻，則永遠有『凶』事在等待著。例如有人在巳、亥年年運不佳，則在每一個流年運行至蛇年、豬年時總是不順。流月也是一樣，每逢運行命盤中的巳宮、亥宮的流月時也是不佳的狀況。流日也與上述狀況相同。

又例如某人在虎年(寅年）走紫微化權、天府運，每當虎年，如遇考學校，便能考上好學校，如遇升官事，便能升官發財，如遇創業，便能掌握最好的企機，事業一開始便能順利壯大。

倘若你現在已經是四十歲或五十歲的人了，你已經經歷了『三輪』

或『四輪』的地支年，也就是三次或四次的子、丑、寅、卯……的十二年。你會很輕易的發現，財運不順的總是那些年份，比較順利的又總是那些年份。因此你的感受應該更深刻一些！

前些日子，我遇到一位幫助我家做裝璜的工人，一瘸一跛的來上工，我很同情的問他，為什麼會變成這樣？他告訴我說：六年前發生車禍受了傷，一直沒看好，所以至今依然一跛一跛的。

哇！六年了呢！羊刃通常會直沖對宮，豈不是今年又將有難了？於是我告訴他要小心今年可能會再度發生車禍。他不以為意的說：『那有那麼巧？』

可是在工程即將完成的最後一天，他居然沒來上工，打電話過去問，他太太說：『因為騎機車車禍受傷，手腳都不方便，所以今天不能來做了，可能要休息一、兩個禮拜才行。』同時得知他太太也受了傷，腿上、身上有大片的瘀青。

車禍羊刃的問題會一再重複發生，這在命理上已是既定的事實。因為大運的好壞也影響著車禍的輕重大小。倘若大運是吉星吉運，遇羊刃破殺之年，血光較小，也許可避過。若大運是陀羅陷、廉破、武破、羊刃陷落、火鈴陷落等運程，流年、流月再逢羊刃、破軍、陀羅、火鈴、化忌等星，血光之災就不會僅是單純的皮肉之苦了，很可能還會造成死亡、生命終了之事，遺恨更大！

運氣的好壞也和生命價值觀有關

有些人是不在乎血光、皮肉之痛，他們完全不在乎，也不怕痛。但是要天天上醫院，也影響進財、工作，並且要休養、耗財、拖累別人來照顧自己，甚至醫藥費龐大，拖垮家計，造成家庭的惡運，這難道也能不考慮的嗎？

所以有人常常在羨慕別人有好運，別人會發財，別人有好命的時候，必須先自我反省一下，是不是自己將人生過得太馬虎了？完全忽略了人生重要的關鍵，以及生命的價值。

不重視自己身體的人，同樣也是對自己生命的價值不瞭解，也無法掌握的人，這又如何能成為好命、好運的人呢？

大運、小限、流年的三重組合使運氣有了不同的層次

人的運氣，因為有大運、流年本宮與相照宮位相互影響的關係，幾乎是六年便逢一次吉凶。但六年一次的吉凶也有許多層次的不同。例如大運的好壞會影響它，流年本宮的坐星也受影響它。例如一個人在戊年

走的是『廉貞、天府』運，在戌年會有不錯的財運和其他運氣，相隔六年至辰年時，走『七殺運』，雖有『廉府』相照的瑞氣，但『七殺運』就辛苦得多，雖然在財運上有一點影響，沒有戌年好，在官運和其他的運氣上都必須小心謹慎為妙。其吉度是略差的。也要小心身體開刀等問題。倘若再有『擎羊星』在辰宮或戌宮中，甚至在三合宮位出現，都要小心傷災及生命有危險的問題。

基於以上種種，我們不難發現，**人生的韻律脈動是有一定軌跡在運行的，起伏的高低也會在一定的尺度中上下振動**。倘若我們能抓住並控制住這種定性的軌跡與振動，對於不好的人生，有傷災、有金錢窘困的人生，是可以改善及糾正的。對於富貴安和的人生，也可以繼續增長。如此就真正是掌握了人生一切的影響力了！

現在提供你幾個思考的方向，來幫助你尋找改變人一生的影響力！那就是下面每一節所說的幾種方法。

第一節　歡樂、傷剋嚴重的事，就是人生大事需要記錄下來

若將人的一生用一直線或橫線來顯示，再將人生中所遇到的大小事件用『點』標上去，大事件用大點，小事件用小點。你則會發現在這條直線或橫線上出現許多特別突出的『點』。

若再將發生事情的年齡標上去，你更可發現，有一些發生事故的年份是每隔幾年便逢到的。並且有時候這**『每隔數年逢到的事故』**竟然會有些相似。是故我們可稱這一條直線或橫線為**『運命周期線』**。

在此處所稱發生事故的點或年齡，其中包括了吉事吉運的年齡和不好的事故、惡運的年限在內。通常我們在堪察這些動盪因素時，便會發現，這些點或年齡常是剛好坐在紫微命盤中『殺、破、狼』格局的運限上。

流年轉運術

舉例說明：

任先生是一九五二年壬辰年農曆十月二十七日卯時生人。

其『運命周期線』及命盤如下：

辰年 出生。
午年 3歲：【七殺運】傷災。
戌年 7歲：【破軍、陀羅運】傷災。
子年 9歲：【化忌、羊刃運】傷災(在學校被鉛球打到頭重傷)。
午年 15歲：【七殺運、化忌、羊刃相照】聯考落榜。
未年 16歲：【文昌、文曲運】考上第一學府(高中)。
戌年 19歲：【破軍、陀羅運】車禍傷手腕，大學沒考上，進入工專就讀。
寅年 23歲：【貪狼運】大學畢業。
辰年 25歲：【紫相運、紫微化權】進入半公民營機構任工程師。

流年轉運術

午年 27歲：【七殺運、對宮羊刃、化忌相照】由工地跌下重傷。

未年 28歲：【文昌、文曲運】結婚。

申年 29歲：【廉貞運、對宮貪狼相照】升官。

戌年 31歲：【破軍、陀羅】車禍小傷，此年投資鐵工廠，合夥人捲款潛逃。

寅年 35歲：【貪狼運】升官。

辰年 37歲：【紫相運】升官。

午年 39歲：【七殺運、化忌、羊刃相照】車禍小傷(破眉、臉)。

戌年 43歲：【破軍、陀羅運】做期貨賠大錢。

子年 45歲：【武曲化忌、羊刃運】期貨賠錢、身體開刀。

丑年 46歲：【日月、左輔化科、右弼運】考上碩士班。

寅年 47歲：【貪狼運】升官。

任先生的命盤

子女宮 天梁化祿 天馬 乙巳	夫妻宮 七殺 丙午	兄弟宮 文昌 文曲 丁未	命宮 廉貞 5－14 戊申
財帛宮 紫微化權 天相 85－94 甲辰	壬辰 辛亥 癸巳 乙卯		父母宮 15－24 己酉
疾厄宮 天機 巨門 75－84 癸卯	土五局		福德宮 破軍 陀羅 25－34 庚戌
遷移宮 貪狼 <身宮> 65－74 壬寅	僕役宮 太陽 太陰 左輔化科 右弼 55－64 癸丑	官祿宮 武曲化忌 天府 擎羊 45－54 壬子	田宅宮 天同 祿存 35－44 辛亥

由前面的命盤及運命周期線(表)，我們可以很清楚的看出：任先生在走『破軍運』及『七殺運』程時，多車禍、傷災，而且有金錢上的耗損現象。在走『貪狼運』時都有升官的好運。這主要是因為這位先生的『七殺運』，對宮有『羊刃』和『化忌』相照。而『破軍』又有『陀羅』同宮，因此這個運程顯而易見的成為運途中的絆腳石了。

而『貪狼運』，本身的惡質少一點，吉運的特質多一點。凶殺味也不那麼濃，只要不和『化忌』同宮，一般會為人帶來一些好運、偏運。利於讀書、升官、偏財運的獲得。因此『貪狼運』在一般人的命格中是有奇運的。

我們不但看到任先生的『貪狼運』，同時在辰宮又找到『紫微化權』、『天相』這個強有力的紫相運程，另外還有卯年的『機巨運』，適合增強知識與智慧，掌握人生吉運的變化。未年的『昌曲運』及申年的『廉貞運』都是不錯的運程。由此我們可知道任先生可以利用這些運程來增進自己改運的力量。只要在寅年和辰年、卯年、未年、申年份外努力，就有必勝的把握扭轉乾坤、轉敗為勝了。

另外任先生也必須在子、午年、戌年特別避開傷災和減少投資，否則其損失是得不償失的了！

第二節 用吉凶傷剋『運命表』來檢視轉運點

現在在此地再提供你另一種『運命周期表』。這是英國占星學家基洛根據古老中國的占卜法，演變製作來占測命運周期的一種方法。此法曾傳到日本，因此日本的占卜家也愛用此『運命周期表』來為人預卜事情。

『基洛周期法』以西元的曆法為主，根據出生時的日子，將出生日期分別劃分成九個系數。就是從『1』到『9』的系數。

例如：3號生的人，其系數為『3』；10號生的人，其系數為『1』；19日生的人，其系數為『9』+『1』等於『10』，其系數又為『1』；25日生的人，其系數為『2』+『5』等於『7』。以此類推……。

生日系數表

依據生日推算的系數表

系數	1	2	3	4	5	6	7	8	9
出生日期	1	2	3	4	5	6	7	8	9
	10	11	12	13	14	15	16	17	18
	19	20	21	22	23	24	25	26	27
	28	29	30	31					

基洛運命周期表

運命周期表									
系數	1	2	3	4	5	6	7	8	9
容易發生事故或起運的年齡(以足歲算)	7 10 16 19 24 28 34 37 43 46 52 55 61 70	7 11 16 20 23 25 29 34 38 47 52 56 62 70	3 12 21 30 39 48 57 63 66 75 84 93	4 10 13 19 22 28 31 37 40 46 49 55 58 64 67 73	5 14 23 32 41 50 59 68 77	6 15 24 28 33 39 42 51 60 69 78 87	2 71 1 16 20 25 29 34 38 43 47 52 56 61 65 70 74	8 17 26 35 44 53 62 71 80	9 18 24 27 36 45 54 63 72 81
高度準確率的月份	1 7 8	1 7 8	2 12	1 7 8	6 9	1 5 10	1 7 8	1 2 7 8	4 10 11

當我們有了《基洛運命周期表》，再以此表與我們曾製作自己的運命運期線圖相對照，你會赫然發現許多發生事故的重大日期都會出現在相同的歲數上。

以前面任先生為例，其西曆的日期是十二月十三日。因此他是『4』的系數的人。

我們看他有19歲、28歲、31歲、37歲、46歲，是在基洛運命周期表上出現的。19歲是破軍運，31歲是破軍運，37是紫相運，46歲是貪狼運。這正和我們紫微命理中『殺、破、狼』年限中會有大變革是有異曲同功之境。

並且我們注意到任先生最容易發生事故的月份是一月、七月、八月。據任先生的記憶所及，每次傷災都發生在夏天左右，剛好切合了七、八月份的事故點，而幾次升官的時刻在陰曆年前，也切合了一月份

流年轉運術

的時刻。因此我們可以推測到任先生的『破軍運』多半逢到七、八月份，而一月份逢到的是『貪狼運』了。

接下來我們再來預測這位任先生以後的人生中的大事情。他即將在49歲時逢『七殺運』，55歲時逢『化忌、羊刃運』會有傷災、事業不順及錢財不順的問題。在58歲時走『貪狼運』會運氣能回升一點。60歲會否極泰來。64歲能發一些小財，增加財富。67歲多富享福，而至73歲會有病傷災，此年特別需小心！

※你更可以將子、丑、寅……等年份標在歲數上，如此更容易讓你辨別相同的年份。

事實上，基洛運命周期表是以西元的生日為主，而我們中國的農曆是陰曆，兩者在生日的計算上會有一些出入，尤其是在年尾出生的人，有時會有一年之多的差距，因此我們利用基洛再與以放寬預估年限較佳。並且僅以此做為我們預防事故，或是預測吉運的參考。

第三節　用『運氣曲線圖』來檢視轉運點

每一個想要為自己改運的人，是不能不對自己的人生有所瞭解的，你為什麼過得不好？是缺錢？是感情不順？是遭遇到天災人禍？還是是非糾纏的厲害？為什麼會遭受這麼大的損傷？我們一定要先弄明白，才能救治它。

每個人只有在運氣不好時，才會遇到困難災厄。那這個困難災厄要到何時才會了結？什麼時候才會運氣轉好？這種種的問題都是我們所急於想知道的！因此做一張『運氣曲線圖』便十分必要了，因為它會解答你一切的問題！

現在提供你十二個命盤格式的『運氣曲線圖』，讓你很快的能參考運用。

紫微在『子』命盤格式
運氣曲線圖

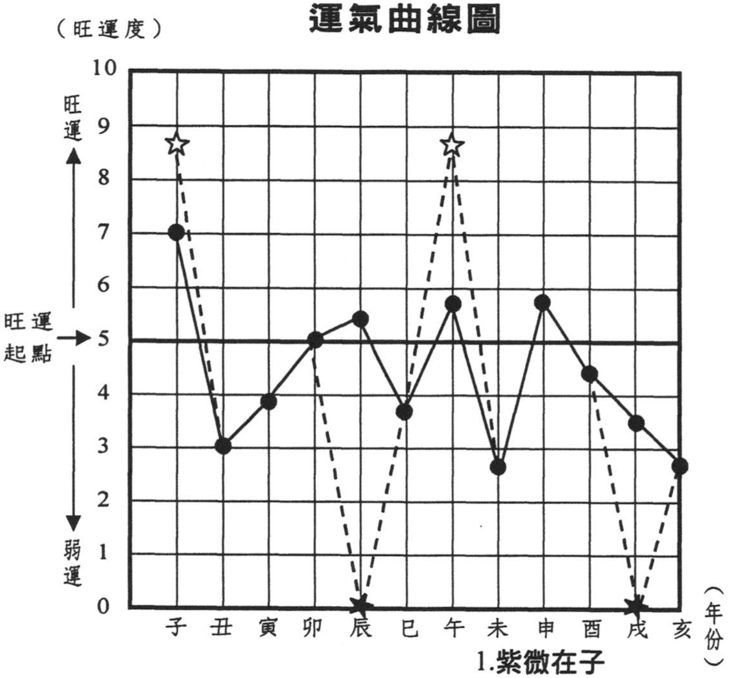

1.紫微在子

太陰(陷) 巳	貪狼(旺) 午	天同(陷) 巨門(陷) 未	武曲(得) 天相(廟) 申
廉貞(平) 天府(廟) 辰			太陽(平) 天梁(得) 酉
卯			七殺(廟) 戌
破軍(得) 寅	丑	紫微(平) 子	天機(平) 亥

(1)上部☆星點為「火貪」、「鈴貪」爆發「偏財運」的旺運。

(2)下部★星點為「廉殺羊」、「廉殺陀」的惡運終點。

紫微在『丑』命盤格式
運氣曲線圖

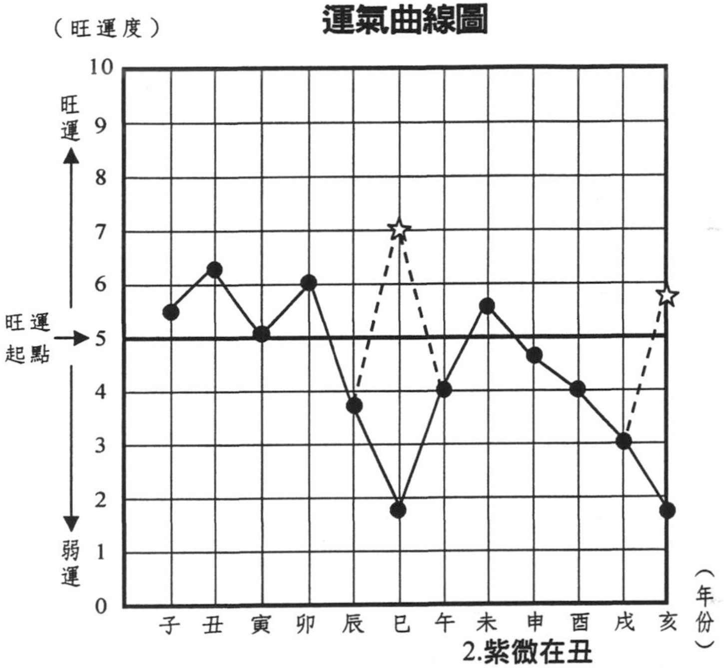

(1) ☆星點為「火貪」、「鈴貪」爆發「偏財運」的旺運。

2.紫微在丑

貪狼(陷) 廉貞(陷) 巳	巨門(旺) 午	天相(得) 未	天梁(陷) 天同(旺) 申
太陰(陷) 辰			七殺(旺) 武曲(平) 酉
天府(得) 卯			太陽(陷) 戌
寅	破軍(旺) 紫微(廟) 丑	天機(廟) 子	亥

紫微在『寅』命盤格式
運氣曲線圖

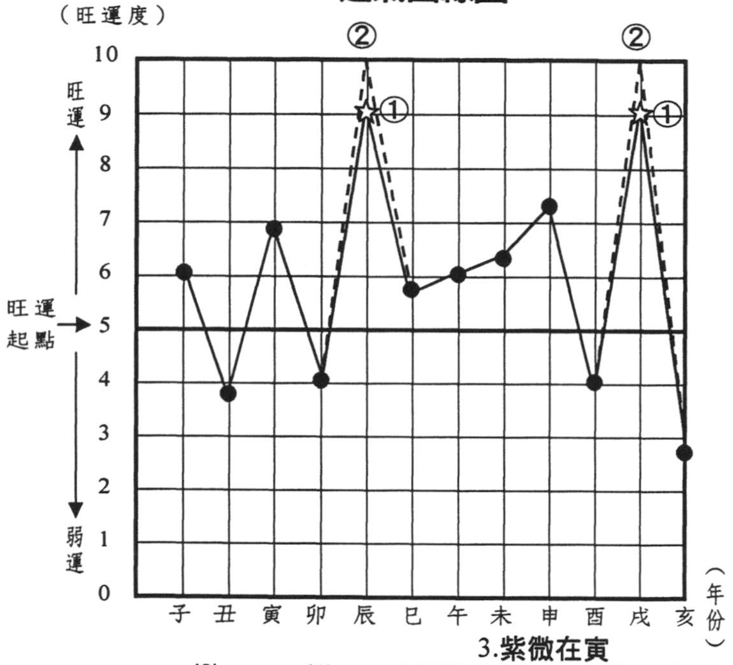

3.紫微在寅

巨門(旺) 巳	廉貞(平) 天相(廟) 午	天梁(旺) 未	七殺(廟) 申
貪狼(廟) 辰			天同(平) 酉
太陰(陷) 卯			武曲(廟) 戌
紫微(旺) 天府(廟) 寅	天機(陷) 丑	破軍(廟) 子	太陽(陷) 亥

(1) ①是「武貪格」爆發「偏財運」的旺運點。

(2) ②是「武貪」加「火鈴」所爆發最強「偏財運」的點。

紫微在『卯』命盤格式
運氣曲線圖

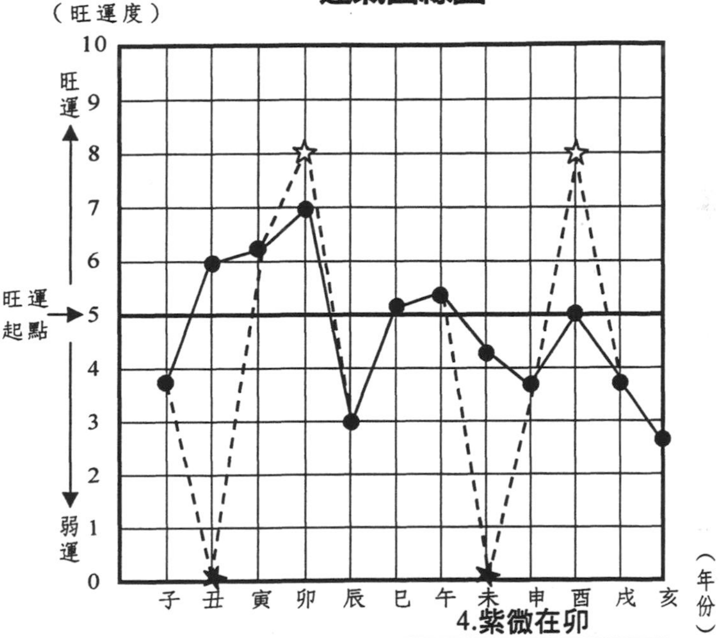

(1) 上部☆星點為「火貪格」的爆發點。

(2) 下部★星點為「廉殺羊」的凶點。

4.紫微在卯

天相(得) 巳	天梁(廟) 午	廉貞(平) 七殺(廟) 未	申
巨門(陷) 辰			酉
紫微(旺) 貪狼(平) 卯			天同(平) 戌
天機(得) 太陰(旺) 寅	天府(廟) 丑	太陽(陷) 子	武曲(平) 破軍(平) 亥

紫微在『辰』命盤格式
運氣曲線圖

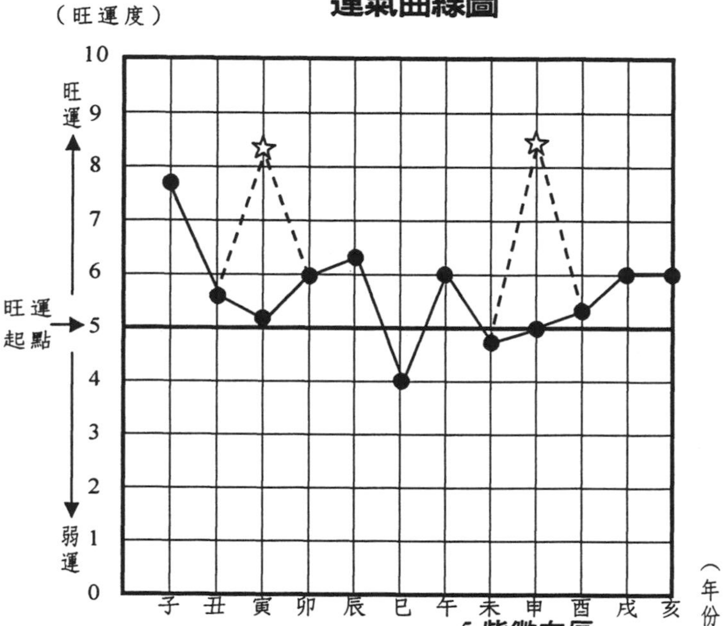

5.紫微在辰

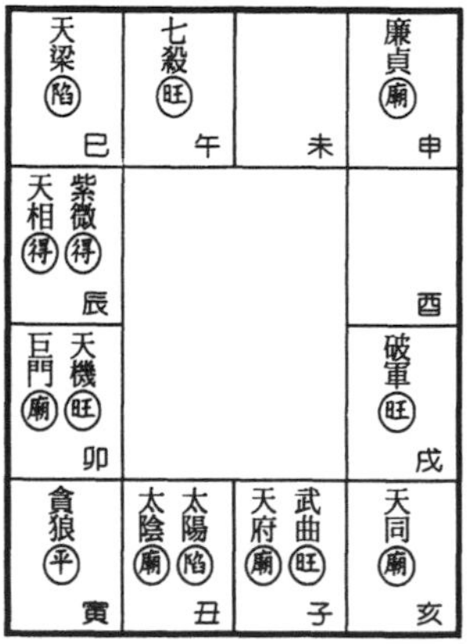

(1) ☆星點為「火貪格」、「鈴貪格」爆發「偏財運」的點。

紫微在『巳』命盤格式
運氣曲線圖

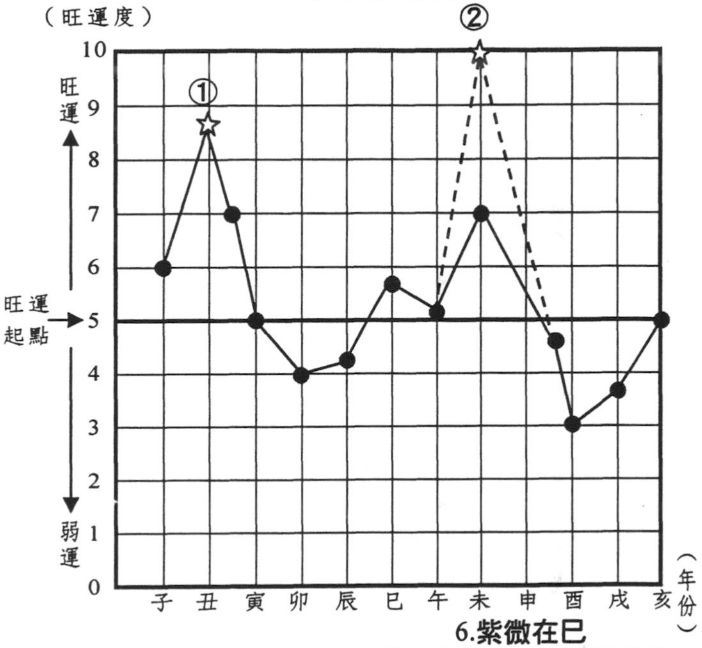

(1) ①☆星點為「武貪格」爆發的偏財旺運。

(2) ②☆星點是有火星、鈴星時的雙「偏財運」點。

6.紫微在巳

紫微(旺) 七殺(平) 巳	午	未	申
天機(平) 天梁(廟) 辰			廉貞(平) 破軍(陷) 酉
天相(陷) 卯			戌
太陽(旺) 巨門(廟) 寅	武曲(廟) 貪狼(廟) 丑	天同(旺) 太陰(廟) 子	天府(得) 亥

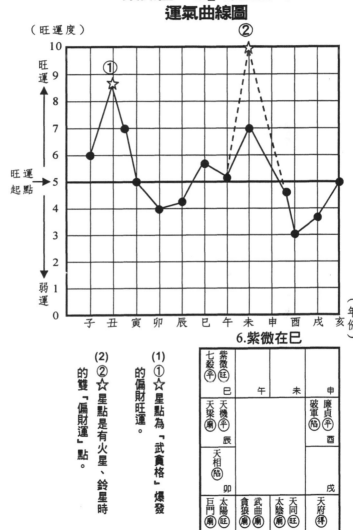

紫微在『午』命盤格式
運氣曲線圖

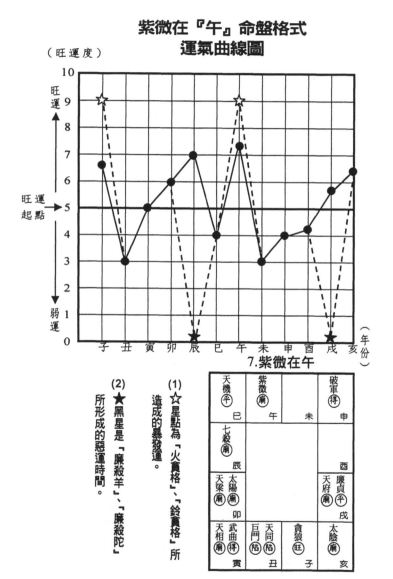

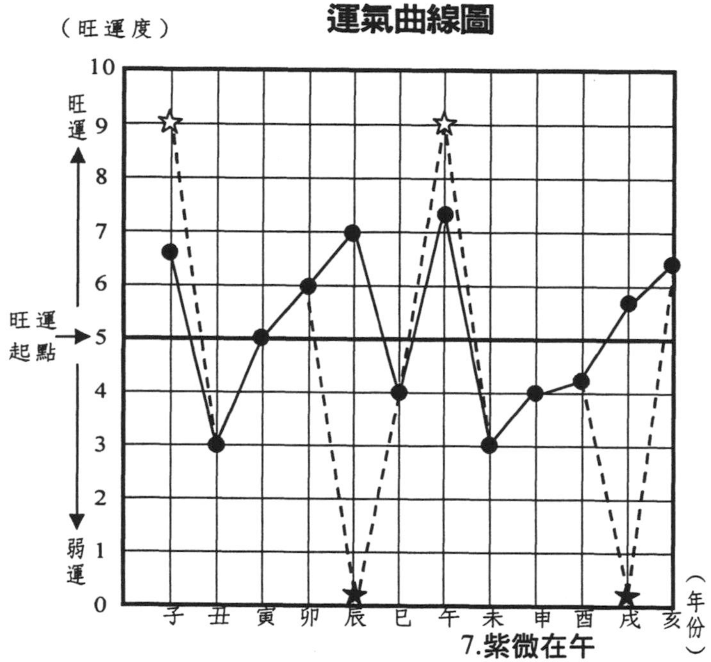

7.紫微在午

天機(平) 巳	紫微(廟) 午	未	破軍(得) 申
七殺(廟) 辰			酉
太陽(廟) 天梁(廟) 卯			廉貞(平) 天府(廟) 戌
武曲(得) 天相(廟) 寅	天同(陷) 巨門(陷) 丑	貪狼(旺) 子	太陰(廟) 亥

(1) ☆星點為「火貪格」、「鈴貪格」所造成的暴發運。

(2) ★黑星是「廉殺羊」、「廉殺陀」所形成的惡運時間。

紫微在『未』命盤格式
運氣曲線圖

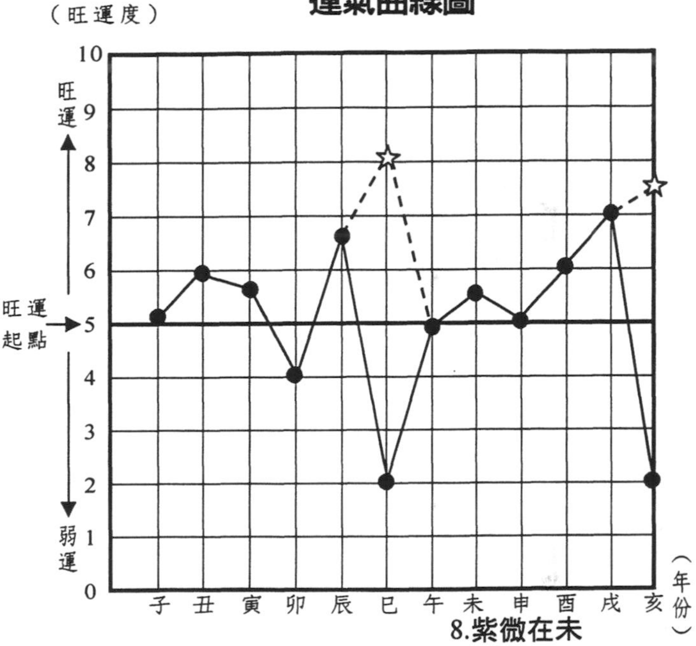

8.紫微在未

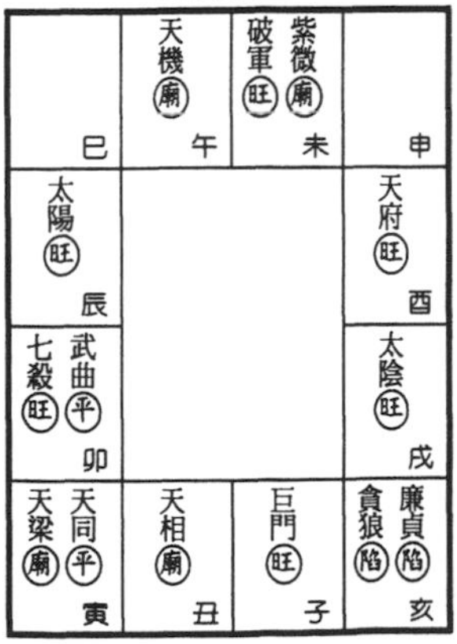

(1) ☆星點為「火貪格」、「鈴貪格」所造成的偏財運旺度。

紫微在『申』命盤格式
運氣曲線圖

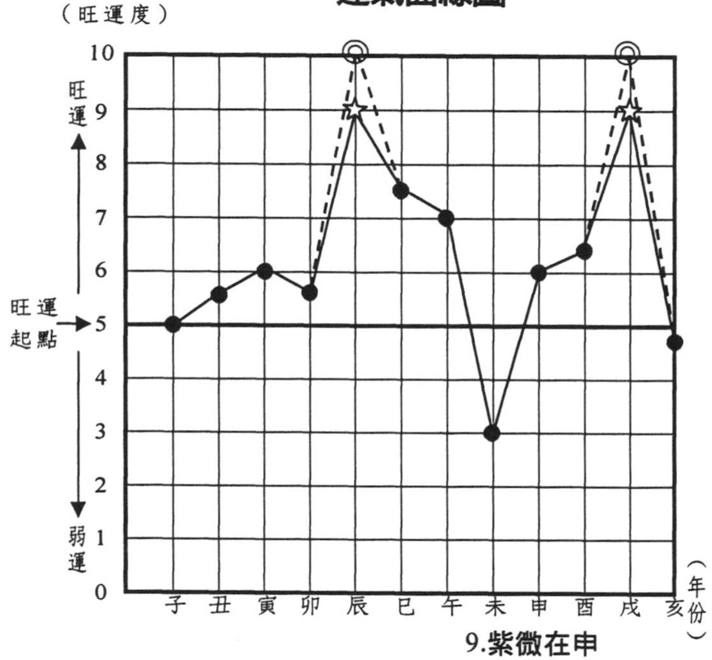

9.紫微在申

太陽(旺) 巳	破軍(廟) 午	天機(陷) 未	紫微(旺) 天府(得) 申
武曲(廟) 辰			太陰(旺) 酉
天同(平) 卯			貪狼(廟) 戌
七殺(廟) 寅	天梁(旺) 丑	廉貞(平) 天相(廟) 子	巨門(旺) 亥

(1) ☆星點為「武貪格」所爆發「偏財運」的旺運點。

(2) ◎標示為「武貪格」加「火貪格」、「鈴貪格」所爆發的超級雙「偏財運」的旺運點。

紫微在『酉』命盤格式
運氣曲線圖

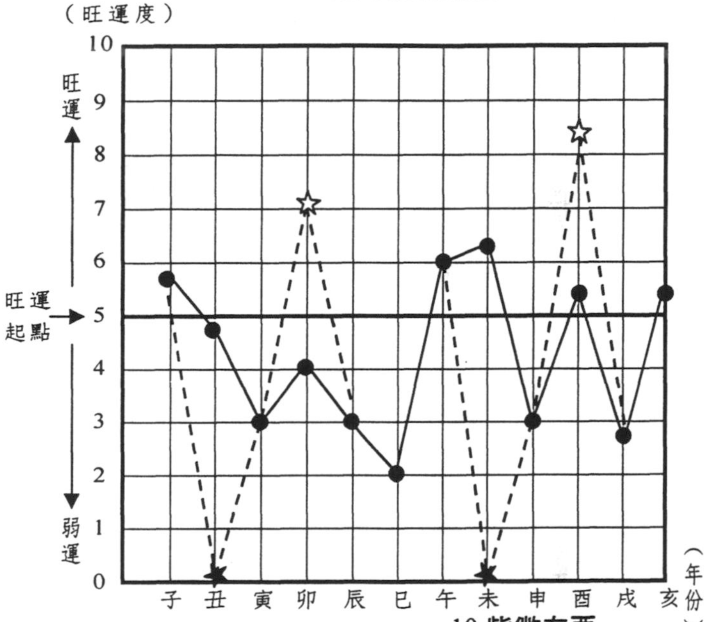

(1) ☆星點為「火貪格」、「鈴貪格」所造成的「爆發運」。

(2) ★星點為「廉殺羊」、「廉殺陀」所造成的凶運。

10.紫微在酉

武曲(平) 破軍(平) 巳	太陽(旺) 午	天府(廟) 未	天機(得) 太陰(平) 申
天同(平) 辰			紫微(旺) 貪狼(平) 酉
卯			巨門(陷) 戌
寅	廉貞(平) 七殺(廟) 丑	天梁(廟) 子	天相(得) 亥

紫微在『戌』命盤格式
運氣曲線圖

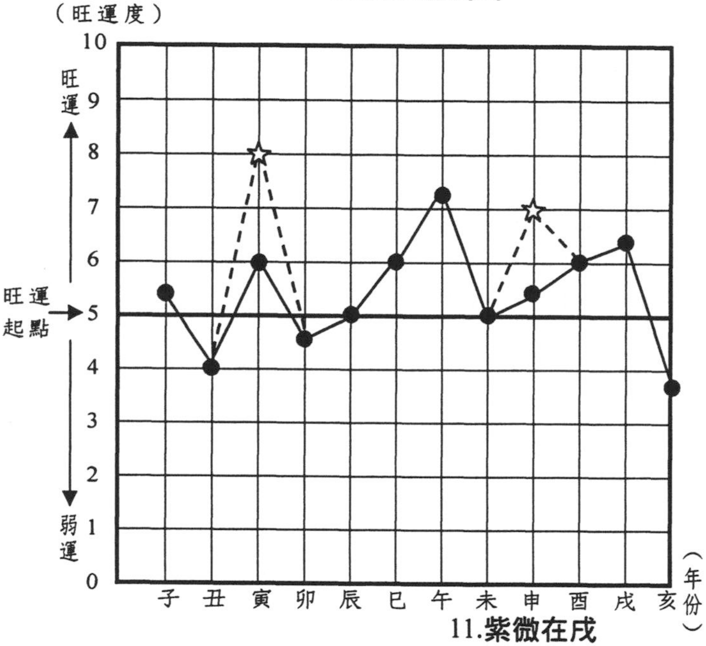

11.紫微在戌

天同(廟) 巳	武曲(旺) 天府(旺) 午	太陽(得) 太陰(陷) 未	貪狼(平) 申
破軍(旺) 辰			天機(旺) 巨門(廟) 酉
卯			紫微(得) 天相(得) 戌
廉貞(廟) 寅	丑	七殺(旺) 子	天梁(陷) 亥

(1)☆星點為「火貪格」、「鈴貪格」所爆發「偏財運」旺點。

紫微在『亥』命盤格式
運氣曲線圖

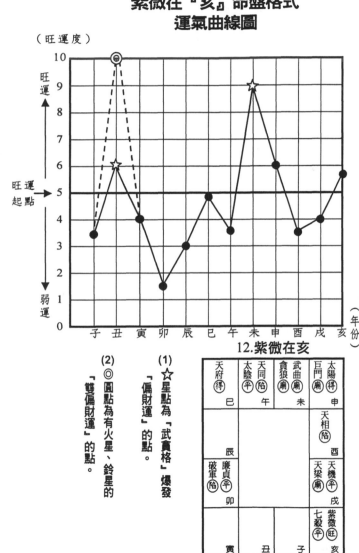

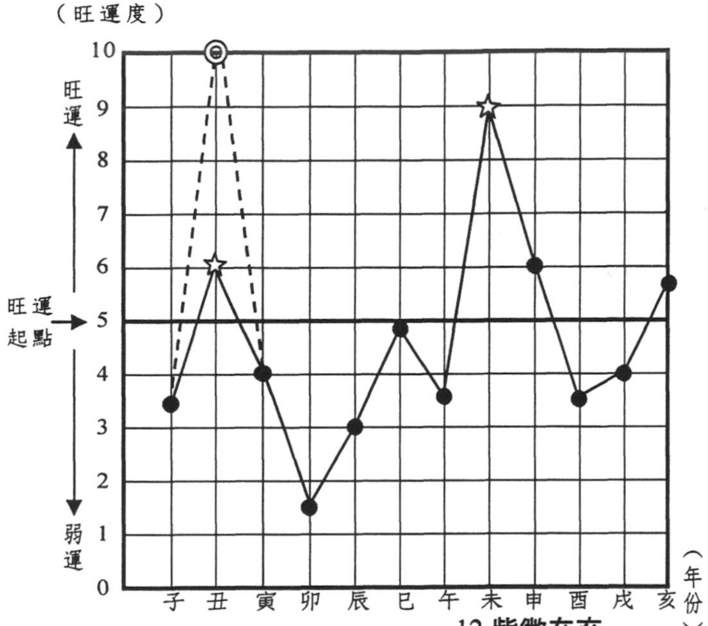

(1) ☆星點為「武貪格」爆發「偏財運」的點。

(2) ◎圓點為有火星、鈴星的「雙偏財運」的點。

12.紫微在亥

天府(得) 巳	天同(陷) 太陰(平) 午	武曲(廟) 貪狼(廟) 未	太陽(得) 巨門(廟) 申
辰			天相(陷) 酉
廉貞(平) 破軍(陷) 卯			天機(平) 天梁(廟) 戌
寅	丑	子	紫微(旺) 七殺(平) 亥

這十二個命盤格式運氣曲線圖是以紫微所在宮位所設定的。因此你必須先找出你自己命盤中的紫微星坐落於何宮位？假如紫微在子宮，你便是『紫微在子』命盤格式的人。假若紫微在酉宮，你便是『紫微在酉』命盤格式的人，以此類推……。

從運氣圖中找尋自己改運的時機

運氣是『時間』的問題，要改運當然要挑選好時機。沒有好時機改運也很難成功！因此改運注重『時機』問題，也注重『時間』問題。

什麼樣才是個好時機呢？

我們就以『紫微在子』命盤格式舉例說明。

我們可以在『紫微在子』命盤格式運氣圖中看到，子年和午年是運氣最好的年份，而丑、未、亥年運氣較差。辰年和戌年底下為什麼會有兩個黑色星星呢？那是因為倘若你是乙年或辛年生的人，你的擎羊星會坐落在辰宮或戌宮，會形成『廉殺羊』格局，而會有車禍血光的凶險，倘若年運不好，或適逢大運、年運、月運、日運只要三度重逢，便有重傷至死的可能，因此必須小心。

別的年份生的人，擎羊星不在辰、戌宮的人較不必擔心。

若有人的命盤中在子宮、午宮有火星、鈴星進入時，會爆發偏財旺運，是一等的極旺之運。(此時你的運氣太好，不會有改運的煩惱)

你多半會在丑年、未年、亥年運氣極差時，才想改運。同時你也可以注意到，這三個年份的點已至極低的位置，運氣曲線已要揚昇，因此這三個年份當然也就是改運的最佳時機了。

此外，你也可利用推算流年、流月、流日的方式，找出運氣最低點的月份和日期，並且在這個時候整理你的人生企劃書，把人生好好做一

流年轉運術

番規劃。再利用前面三個方法來確定何時、何月、何年是會走的什麼運程，是升官，還是發財的運程，再確實的往這方面著手努力。則可以衝刺及改變一生的時刻就在眼前，做好萬全的準備是當務之急。有什麼比自己親手來改變自己一生的命運更重要、更偉大呢？

身宮命主身主

如何掌握婚姻運

如何掌握事業運

第四章　財官並美的轉運點

財富是『創造』出來的！運氣也是『創造』出來的！只要懂得紫微命理，就會掌握『創造運氣』的訣竅！

通常我們在幼年矇懂時期，沒有獨自生活的能力，自己的運氣是跟隨父母或家庭的運氣而起伏的。幼年時能得父母關愛、家庭和樂的人，幼年運氣就很好。失怙、失恃、或家庭有缺陷、不平靜的人，幼年運就很差。

青年或成年以後，我們的自主性強了，運氣也成了獨立的個體。一切得靠自己來運用籌幄自己的運氣。**以前我曾在『如何算出你的偏財運』一書中說道：『財運是靠創造出來的！』**

你也許會奇怪？『創造』好像是一種『無中生有』的力量，我現在沒有錢！沒有運氣！什麼都沒有！怎麼去創造呢？

其實一點也不值得奇怪的！難道你沒有常聽說一些傳奇性的人物，以前有多苦！多苦！後來突然轉運了，財富和名聲齊揚的事嗎？這些傳奇故事在我們的社會中比比皆是！你也一定又會奇怪這些人是如何改運的了！

這就靠得是『創造』的力量！

如何為自己創造一點運氣？創造財富、人生？創造人生未來的美景？這些種種的問題，事實上在我們人生的運命線上都有一定的因素形成和時間上的關鍵點，而這個關鍵點也就是一個轉折點，你如果能在這個轉折點上把自己的運氣提升，往好的方向走，就會獲得富貴人生，創造了未來的美景。如果你在這個轉折點上，不知利用而放棄了努力或是努力不夠，運氣停滯不前，或更往下墜的狀況也會立即出現的。這個轉折點的時效性非常短，因此這也是考驗你當機立斷的本領。那些傳奇人物，就是深切的明白了這層道理，當機立斷的把握住機會才會成功的。

許多想要改運的人，常會自怨、自艾、又有些氣憤的說：『我現在什麼都沒有！只有命一條！』

只有命一條！這就對了！

有了這條命便什麼都有了！你還怕什麼呢？

為什麼這麼說？

千萬別奇怪！有了生命，便有了『八字』，有了在宇宙中留下的座標痕跡，**你便擁有了『人生藏寶圖』**。

流年轉運術

這個『人生藏寶圖』便是你的『命盤』！一切的財富、官爵、享用，一切人生的美事盡在其中。你還有什麼不滿足的呢？現在的問題只是端看你如何運用它、掌握它、挑選好時間、好運道罷了！現在千萬別告訴我，你懶得看命盤或命盤搞丟了的事！如果是這樣，一個連自己的『命』和『人生藏寶圖』都不關心的人，真是連神仙來也救不了你了！還妄說改運！

現在就要開始教你利用『人生藏寶圖』來增進財運了！

第一節　如何用流年法及『藏寶圖』來轉運改變人生

首先你必須確定自己的命盤格式是那一種？命盤中紫微星在子宮，便是『紫微在子』的命盤格式的人。命盤中紫微在丑宮，便是『紫微在丑』命盤格式的人，此以類推……。

在這個單元裡，你不但可以運用『人生藏寶圖』——命盤來觀看改運時機，也可利用前面『運氣圖』的高低點來瞭解每個年份和行運宮位的運氣旺弱。

『紫微在子』命盤格式的人，依流年法轉運

1.紫微在子

太陰(陷) 巳	貪狼(旺) 午	天同(陷) 巨門(陷) 未	武曲(得) 天相(廟) 申
廉貞(平) 天府(廟) 辰			太陽(平) 天梁(得) 酉
卯			七殺(廟) 戌
破軍(得) 寅	丑	紫微(平) 子	天機(平) 亥

『紫微在子』命盤格式的人，運氣最差的年份在丑、未、巳、亥年，並且在這些年份中較會想改運。但真正財運最差的還是巳年及亥年。巳年是太陰財星陷落的年份，錢財困窘。亥年天機陷落，該年沒有賺錢的機會，投資或把錢財借出去，都會賠本。若是找工作機會都很

難。

但是我們可以看到巳宮的下一個宮位，午宮就很好，『太陰運』的下一個運程便是『貪狼運』，因此只要等到下一個月或下一個年份便有無限旺運，有升官、考試或賺錢的機會，桃花運也不錯。而亥宮雖是『天機陷落』，次一宮位子宮中有『紫微星』。也是等到下一個月或下一個年份，便有至高的好運機會了。

此時你應該非常快樂！根本無需等三個月，只要多等一個月便能改運了。在這個好運時間裡，你可以賺到自己想擁有的財富。

並且倘若在你命盤中的子宮或午宮有『火星』、『鈴星』進入時，還有極大的偏財運，這是不是更讓你快樂的好運呢？

但是倘若在你的命盤中有擎羊、陀羅在辰宮或戌宮的人，會形成『廉殺羊』、『廉殺陀』的惡格局，你就必需看後面**『為車禍改運的方法』**了，以保平安。

『紫微在丑』命盤格式的人，依流年法轉運

2.紫微在丑

廉貞(陷) 貪狼(陷) 巳	巨門(旺) 午	天相(得) 未	天同(旺) 天梁(陷) 申
太陰(陷) 辰			武曲(平) 七殺(旺) 酉
天府(得) 卯			太陽(陷) 戌
寅	紫微(廟) 破軍(旺) 丑	天機(廟) 子	亥

『紫微在丑』命盤格式的人，在辰年(辰宮的月份)、巳年(巳宮的月份)、酉年(酉宮的月份)、亥年(亥宮的月份)運氣較差、財運不好。辰年(辰宮的月份)運逢太陰陷落，而其財帛宮是天機星，此時財運不好的原因是賺錢的機會變化多，你可能會因為換工作或遷居，失去賺錢的機會。

巳年(巳宮的月份)運逢廉貪，財帛宮是紫破。此時財運不佳，是因為外緣不佳，花費太大的原故。

酉年(酉宮的月份)運逢武殺，這是『因財被劫』的格式，流年或流月的財帛宮為廉貪。此時是賺錢辛苦，又賺不到什麼錢，而亥年(亥宮的月份)運逢空宮，有廉貪相照，運氣很弱、不佳，但財帛宮為天相，故此運程不好與錢財無關，是人際關係的問題。因此真正財運不好的年份月份應該是酉年、及走到酉宮的月份才對！

『紫微在丑』命盤格式的人，若只談財運，在下一個年份、月份，也就是戌年，運行戌宮的月份，其他的運氣例如官運、考試運、交際運差一點，但財運尚可。因為該年、該月財帛宮為巨門居旺，只要運用口才便能生財，若有是非混亂中也能得利。而運逢再下一個運程，亥年、及走到亥宮的用份時，也是一樣，其他的運氣差一點，而獨獨財運會好起來。因此你若要改財運，也不會等很久的。

『紫微在寅』命盤格式的人，依流年法轉運

3.紫微在寅

巨門(旺) 巳	廉貞(平) 天相(廟) 午	天梁(旺) 未	七殺(廟) 申
貪狼(廟) 辰			天同(平) 酉
太陰(陷) 卯			武曲(廟) 戌
紫微(旺) 天府(廟) 寅	天機(陷) 丑	破軍(廟) 子	太陽(陷) 亥

『紫微在寅』命盤格式的人，雖然在子、丑、卯、亥年感覺運氣不好。但真正財運不好的年份、月份應該是卯年及流月運行卯宮的月份。因為卯宮是『太陰財星陷落』會鬧窮，而該年、該月的財帛宮又是『太

陽陷落』的關係。不過沒有關係！下一個年份、流月運行的宮位是辰宮，有『貪狼居旺』，並且形成『武貪格』，這是一個具有爆發旺運、財運的偏財運格。所能得到的錢財無數。因此你只要稍加忍耐，即可改運了，這個旺運會讓你快樂好幾年。**卯年、卯月便是暴發運前的黑暗時期**。

因此你在卯年或是流月行經卯宮的月份裡，無須情緒低落。卻要好好打起精神，小心自己的行為不要出錯、耗財，要嚴陣以待的等待爆發運的到來。

『紫微在卯』命盤格式的人，依流年法轉運

4.紫微在卯

天相(得) 巳	天梁(廟) 午	廉貞(平) 七殺(廟) 未	申
巨門(陷) 辰			酉
紫微(旺) 貪狼(平) 卯			天同(平) 戌
天機(得) 太陰(旺) 寅	天府(廟) 丑	太陽(陷) 子	武曲(平) 破軍(平) 亥

『紫微在卯』命盤格式的人，在子年、辰年、申年、亥年運氣較差。只有子年、辰年、申年三個年份或流月經過此三個宮位，會有財運困難的狀況。

我們看子宮中有太陽陷落。其財帛宮在申宮，無主星為弱運，有『機陰相照』，變化無常，且主財運困難。

辰年時辰宮中『巨門陷落』，其財帛宮在子宮為『太陽陷落』，運行辰年及流月在辰宮時，是非多、財運又不好。

申年運逢申宮無主星，運弱，其財帛宮為『巨門陷落』，財運不好，且有是非麻煩相糾纏。但是我們也可看到運行次一宮的運氣時，財運都會獲得改善。因此也不必杞人憂天了！

『紫微在辰』命盤格式的人，依流年法轉運

『紫微在辰』命盤格式的人，在巳年、未年、酉年、戌年、運氣會

差一點。巳年的走的『天梁陷落』的運氣，可是當年的財帛宮有『太陽、太陰』。而『太陰居旺、太陽落陷』。因此可以知道巳年的財運還不錯，只是官運、貴人運差一點而已。

5.紫微在辰

天梁(陷) 巳	七殺(旺) 午	未	廉貞(廟) 申
紫微(得) 天相(得) 辰			酉
天機(旺) 巨門(廟) 卯			破軍(旺) 戌
貪狼(平) 寅	太陽(陷) 太陰(廟) 丑	武曲(旺) 天府(廟) 子	天同(廟) 亥

未年為空宮無主星為弱運，有日月相照的運氣。其年的財帛宮為『天機、巨門』，這是一種做公職人員、學術研究、專門技術等方式賺取薪資的財運。財運不算差。

酉年時走的也是空宮的弱運，對宮有『機巨』相照，該年財帛宮是天梁陷落。『天梁』不主財，主貴人運和機運，因此該年財運真的是不算好了，而且又無貴人來相助。

戊年時為破軍運，是一種有衝動奮力打拼，但耗財很多的年份，倘若戊宮中有『文昌、文曲』入宮，則注定此年是一個貧困的年運了。戊年的財帛宮為『七殺』，是一種辛苦打拼的賺錢方式，可以賺到一定的錢財。但是戊年生有『擎羊』和『七殺』同宮，在流年財帛宮的人，日子也並不好過，財運拮据，並有耗財的問題出現，財運也不好了。

『紫微在辰』命盤格式的人，大致上看起來還是酉年的財運最差，次年又逢『破軍運』，想要改善並不容易，亥年的財運可以稍稍獲得紓解，但也是一般普通能而已，一定要等到子年或『流月運行子宮』的運程時，才會有大筆的財富進帳，故而你的改運期至少要等三個月或者是三年以上才能真正改運了。

『紫微在巳』命盤格式的人，依流年法轉運

6.紫微在巳

紫微(旺) 七殺(平) 巳	午	未	申
天機(平) 天梁(廟) 辰			廉貞(平) 破軍(陷) 酉
天相(陷) 卯			戌
太陽(旺) 巨門(廟) 寅	武曲(廟) 貪狼(廟) 丑	天同(旺) 太陰(廟) 子	天府(得) 亥

『紫微在巳』命盤格式的人，在午、申、酉、戌年運氣較弱，若再有羊陀、火鈴、劫空進入這些宮位時，這些年的財運會不好。但是在這些屬於弱運的年份中，午年時運氣雖弱一點，其流年財帛宮是『陽巨』，

為用口才賺錢得利的運氣。未年運氣也弱一點，但只要沒有『擎羊、陀羅』在丑、未宮出現，未宮有武貪相照，因此也會有一些偏財運，可幫助你發些小財。

申年為空宮弱運，其流年財帛宮是機梁，必須用智慧謀略來賺錢。同時這也是個做公務員、上班族、拿固定薪水過生活的年運。

酉年的流年運程為廉破，雙星皆居平陷之位。因此在酉年時，你的運氣多破耗，又喜歡打拼，十分忙累，做事的成果事倍而功半。其年的財運，流年財帛宮為紫殺。這一年你一定會辛苦打拼於工作，不畏艱難的賺到你憑勞力而得來的金錢，金錢運還不錯，只是破耗多，做事不順利而已。

戌年的年運為空宮弱運，流年財帛宮也是空宮弱運，因此財運是在所有的年份中最不好的一年了。倘若戌年的流年命宮宮位及流年財帛宮宮位中沒有煞星(羊陀、火鈴、劫空）進入，你仍可平安的度過這一年，只是沒什麼大財大進的狀況。倘若有煞星進入的話，你的財運就受到影響，有些痛苦拮据了。因此最好在前一年做好儲糧過冬的工作，預先籌謀，也就不會太難過了！

在這個『紫微在巳』的命盤格式中，你們一生的運氣是大起大落、時好時壞的，因為受『武貪格』暴發運的影響，讓你們嚐到暴起的快樂，因此金錢稍差一點便會哇哇叫，覺得不順了。而那些在壬年生有『武曲化忌』的人，卻絲毫感受不到偏財運格的發生，故而在金錢運不順時也不會有太敏感的感覺。所以有暴發運的人，常想改運，沒有暴發運的人，反而不會去想要改運的事了。

『紫微在午』命盤格式的人，依流年法轉運

7.紫微在午

天機(平) 巳	紫微(廟) 午	未	破軍(得) 申
七殺(廟) 辰			酉
太陽(廟) 天梁(廟) 卯			廉貞(平) 天府(廟) 戌
武曲(得) 天相(廟) 寅	天同(陷) 巨門(陷) 丑	貪狼(旺) 子	太陰(廟) 亥

『紫微在午』命盤格式的人，在丑年、巳年、未年、酉年運氣會較差。

丑年流年運程是『同巨』，雙星俱陷，年運不好，流年財帛宮在酉

流年轉運術

宮為空宮弱運，財運亦不好，若有火星、鈴星進入流年財帛宮，而有流月運氣逢到，可有一筆偏財，但不可與擎羊同宮，否則『巨火羊』三合相照，不但沒有偏財運，反而有自殺身亡之跡象。

巳年的流年運程是『天機陷落』，運氣很差。其流年財帛宮又逢同巨，金錢上的是非很多，糾纏不清，財運不好。外在環境的機會也不佳，因此你會想到改運。但是我們可以看到下一個流年運程或流月運程便是紫微，是一個大好的局勢，因此你只要稍加忍耐，便可走到旺運、財運順暢的運程裡。

未年的流年運氣是『空宮弱運』，有『同巨相照』，在運氣上仍是是非相擾的一年。在流年財帛宮位中有『陽梁居旺』，因此金錢運還是不錯的，且會靠名聲響亮來賺取金錢，利於做公職和讀書。

酉年是空宮弱運，流年財帛宮位中又有落陷的『天機星』，因此你的財運非常不穩定，有破產之慮，要小心！你只要熬得過去，你看看！次年流年運程是『廉府』，有『天府』這顆財庫星坐鎮，次年必定多財。次年的流年財帛宮中又有『紫微』，這是財運順暢做什麼又都能祥和生財的吉運，因此酉年、酉月的拮据到戌年或戌月便能改善。只要再等一個月或一年便會改運了。

『紫微在未』命盤格式的人，依流年法轉運

『紫微在未』命盤格式的人，在卯年、巳年、申年、亥年運氣都不好。卯年走的流年運程是『武殺』，是『因財被劫』的格局，做什麼事都很辛苦，也賺不到很多的錢。其年流年財帛宮為『廉貪』俱陷落，賺錢

的機會不佳，人緣關係也很差，因此是真正財運不好的年份。

8.紫微在未

巳	天機(廟) 午	紫微(廟) 破軍(旺) 未	申
太陽(旺) 辰			天府(旺) 酉
武曲(平) 七殺(旺) 卯			太陰(旺) 戌
天同(平) 天梁(廟) 寅	天相(廟) 丑	巨門(旺) 子	廉貞(陷) 貪狼(陷) 亥

巳年為空宮弱運的年份，有『廉貪』相照，為外界環境的惡劣，機會也不佳。其年流年財帛宮為『天相』居廟，可見金錢運還不錯，只是外緣機會不好而已。

申年為空宮弱運的年份，有『同梁』相照，此年你本身在心境上比較怠惰，沒有衝勁。其年流年財帛宮為『太陽居旺』，可見是由於前一年或前一個月的努力所遺留下來的成績結果，在這個月份或年份中來享用，財運是不錯的。

亥年的流年運氣為廉貪，運氣極差，人緣不佳。但是流年財帛宮為『紫破』，在錢財方面，你還是非常努力的在打拼賺取，賺得多，花得也多。因此，此年的財運還很不錯，只是花費較大而已。

在比較下，只有卯年才是真正財運欠佳的流年年份和流月月份。因此在這一年卯月或這一個卯月是須要小心的。

不過呢！在次一個辰年或辰月即將逢到太陽居旺的運氣，流年財帛宮或流月財帛宮即將進入『巨門居旺』的財運運氣了，這是靠口才、是非而得利的運氣，運氣還不錯。因此逢到次一年或次一個月便能改運了。

『紫微在申』命盤格式的人，依流年法轉運

9.紫微在申

太陽(旺) 巳	破軍(廟) 午	天機(陷) 未	紫微(旺) 天府(得) 申
武曲(廟) 辰			太陰(旺) 酉
天同(平) 卯			貪狼(廟) 戌
七殺(廟) 寅	天梁(旺) 丑	廉貞(平) 天相(廟) 子	巨門(旺) 亥

『紫微在申』命盤格式的人，大致上說起來比別的命盤格式的人運氣好得很多。一生整個的運氣以『午年』和『未年』較差，但是專以財運來說，則以亥年逢『巨門運』，而流年財帛宮為『天機陷落』為最差

了。但次一年或次一月的財帛宮便會有紫府雙星，會帶來豐厚的財運。

午年的『破軍運』裡，流年財帛宮為『七殺』，只要打拼付出勞力便能賺到錢財。

未年的『天機陷落』運程中，流年財帛宮是『天同居平』，規規矩矩做個薪水階級，賺固定的正財也能平順度過。況且次一年就有極祥順富裕的運氣到來，申年『紫府』運程會帶來極佳的財運和旺運，會使人生的境界提高，令人振奮。因此未年的『天機弱運』也不足為懼了。

『紫微在申』命盤格式的人，只要沒有『羊陀』二星和『化忌』在辰、戌宮出現，都會具有『武貪』格暴發運，會帶來極大的財富和人生高層次的格局。但是暴發運有『暴起暴落』的必然現象，**因此辰、戌年是一個起點，未年、亥年則是一個落點**。只要曉得這個人生的定律，能把握住起落點，你自己便能知道何時就是改運的最佳時機了。

『紫微在酉』命盤格式的人，依流年法轉運

10.紫微在酉

武曲(平) 破軍(平) 巳	太陽(旺) 午	天府(廟) 未	天機(得) 太陰(平) 申
天同(平) 辰			紫微(旺) 貪狼(平) 酉
卯			巨門(陷) 戌
寅	廉貞(平) 七殺(廟) 丑	天梁(廟) 子	天相(得) 亥

『紫微在酉』命盤格式的人，在寅、卯、巳年、申、戌年運氣稍差。寅、卯兩個年份是『空宮』弱運。寅年有『機陰』相照，運氣變化多端，且財星陷落，而流年財帛宮又逢『巨門陷落』，此年財運真是不

好，是非、麻煩又多，煩不勝煩。

卯年有『紫貪』相照，外緣機運還不錯，流年財帛宮又是『天相』，因此財運順利富足。只要沒有羊陀在卯宮，卯年還算順利。若有『火鈴』在卯宮，與相照的紫貪，形成『火貪』、『鈴貪』格，還有偏財運意外之財，因此卯年的財運算是不錯的了。

巳年走『武破運』，武破皆居落陷的位置，此年賺錢辛苦，耗費又多。其年流年財帛宮又為『廉殺』，是一種靠蠻幹、苦力得財的運氣，辛苦異常，但仍可賺到錢。

申年走『機陰運』，太陰財星居平位，沒有什麼財氣，流年財帛宮為『天同福星』居平，因此此年的財運是靠薪水的工作賴以養活，此年本身的衝勁、努力也欠缺，因此只是不順度日而已。

戌年走『巨門陷落運』，是非很多，煩擾不斷。但是流年財帛宮為

『太陽居旺』，財運還很旺盛，是極佳的金錢運了。

故而『紫微在酉』命盤格式的人，只有寅年是真正錢財困難的年份，在流月中也是行運寅宮的流月運程，金錢運不佳。但是只要運氣行到下一個宮位卯宮時，金錢運會較順利一些，因此你只要多等一年或者是多等一個月，財運運氣便會變好了。

『紫微在戌』命盤格式的人，依流年法轉運

『紫微在戌』命盤格式的人，在丑年、卯年、辰年、亥年運氣差一些。

丑年為空宮弱運，有『日月』相照，其中『太陰居陷』，不帶財來。而丑年的流年財帛宮為『機巨』，又不主財，是故丑年應以固定的薪水來

確保自己的生活。

11.紫微在戌

天同(廟) 巳	武曲(旺) 天府(旺) 午	太陽(得) 太陰(陷) 未	貪狼(平) 申
破軍(旺) 辰			天機(旺) 巨門(廟) 酉
卯			紫微(得) 天相(得) 戌
廉貞(廟) 寅	丑	七殺(旺) 子	天梁(陷) 亥

卯年走空宮弱運，有『機巨』相照，流年財帛宮又逢『天梁陷落』。

卯年的流年運程本不佳，賺錢的機會又很少，倘若有固定上班族的薪水可以過活，就應該兢兢業業的工作了，否則真會生活拮据的。

辰年走的是『破軍運』，是喜歡打拼、向外發展的年運，但也破耗很多，辰年是個花費大又很浪費的年運，流年財帛宮為『七殺』，此年很會賺錢，但都沒有留存和積蓄。

亥年走『天梁陷落運』，流年財帛宮又是『太陽、太陰居陷』的局面。『天梁陷落運』主沒有貴人、機運差。而財帛宮中財星陷落，財運當然也不好了，此年你也會因較懶散頹廢而漏失了一些機會。所幸的是下一個流年、流月正逢『七殺運』，你就會振奮起來，流年財帛宮又逢『貪狼』，會帶來很多的賺錢機會，因此，不要急，馬上財運便轉好了。

『紫微在亥』命盤格式的人，依流年法轉運

『紫微在亥』命盤格式的人，在子年、丑年、寅年、卯年、辰年、午年、申年、戌年運氣差一點。

子年是空宮弱運，流年財帛宮逢『陽巨』，此年的財運用口才可賺取足以養活自己的錢財。

12.紫微在亥

天府得 巳	天同陷 太陰平 午	武曲廟 貪狼廟 未	太陽得 巨門廟 申
辰			天相陷 酉
廉貞平 破軍陷 卯			天機平 天梁廟 戌
寅	丑	子	紫微旺 七殺平 亥

丑年是空宮弱運，但有『武貪』相照，此為『武貪格』暴發運的年份，若丑宮有『火星、鈴星』，此年有雙重爆發運，所得之財富很大。但有羊陀進入丑宮時，暴發運為破格，會不發或發得小。

寅年為空宮弱運，流年財帛宮為『機梁』。運用智慧做上班族，可有固定的收入，生活較平穩。

卯年為『廉破運』，因逢『殺破狼』格局，在人生運程上會有積極擴張、努力打拼的原動力，只是破耗多了一點，若再有『羊陀、火鈴』在四方三合之位相照，主凶、耗殺之氣很重，其人事業會因擴張太快而破敗。若無煞星相照的人，只是該年稍為辛苦一點，該年的流年財帛宮為『紫殺』，是一種辛苦忙碌，財運還不錯的金錢運。

辰年為空宮弱運，有『機梁』相照。流年財帛宮亦為空宮，相照的星曜是『同陰』，其中『太陰居陷』，因此此年的財運明顯的不強，且有財運困難的景況。

午年為『同陰運』，其中太陰財星居陷，流年財帛宮為『空宮弱運』，有『陽巨相照』。但寅、午、戌三合宮位形成『機月同梁』格，做薪水階級，不要輕言換工作，可保生活上的安定。

申年是『陽巨運』，用口才賺錢可得利，但太陽星並不旺，因此運氣並不強，流年財帛宮又是空宮弱運，故而此年的財運亦不是很好。

戊年是『機梁運』，這一年運用頭腦智慧的機會較多，但流年財帛宮逢『同陰在午』，太陰財星陷落，故而財運不順。

『紫微在亥』命盤格式的人，在丑、未年都有暴發運，只要沒有化忌、羊陀同宮或相照形成破格，都會有機會暴發。因此雖然整體上看來空宮弱運多一些，但暴發運所帶來的財富，再平均分配在十二個地支年運中，財運也不算太差的。

那一個命盤格式的人最需要轉運

從上述每一種命盤格式之財運狀況的分析中，我們可以看到只有『紫微在寅』、『紫微在申』兩種命盤格式的人，在流年、流月運程中是沒有空宮弱運的。並且又以『紫微在申』命盤格式的人，在命理運程上，財運最好。

而以『紫微在巳』、『紫微在亥』命盤格式中，空宮弱運最多，有四個年運皆為空宮弱運。其他的命盤格式中只有兩個空宮弱運年。

空宮弱運年也不是全然不好的。倘若對宮相照的星曜居旺位，此空宮弱運年的年運自然也升旺。最怕的就是流年運程是空宮弱運，流年財帛宮又逢空宮弱運，相照的星曜又是財運陷落，則這個空宮弱運年真是不妙了！

我們從命盤格局中另外也可發現到一些現象：

一、**除了『紫微在巳』、『紫微在亥』命盤格式因空宮較多而相連**，造成運氣、財運無法相濟、相救之外。其他命盤格局的人，在次年或隔一年都會有起死回生的財運好運道。因此除了『紫微在巳』、『紫微在亥』命盤格式的人，改運時要等久一點，其他命盤格式的人，只要等一、兩年或一、兩個月便可辦到。

二、在命盤格局中有暴發運的人，『暴起』的速度快，『暴落』的速度也快。必須要抓住暴發運的時效性，才能真正享受到暴發運的好處。並且我們發現，暴發運只是將數年你自己辛苦所得，在一個暴發年份、月份像發獎金一般的給你。而在其他的年份你又必須重新開始努力打拚，以繼續儲存原動力。因此我覺得暴發運、偏財運所得之錢財，應該也是十二個地支年所應平均分配的錢財才對。倘若你有了這個體認，便不會在暴發運、偏財運來的時候成為一個暴發戶。而在暴落時，成為一個破落戶而時時祈求改運了。這一點在『紫微在巳』、『紫微在亥』命盤格式的人，是最需要反省的了。

三、我們可以發現在所有人的命盤格局裡，有百分之六十的人，具有兩個空宮弱運的年份。例如『紫微在子』命盤格式的人，空宮弱運是丑、卯年。『紫微在丑』命盤格式的人，空宮弱運在寅、亥年。

『紫微在卯』命盤格式的人，空宮弱運在申、酉年。『紫微在辰』命盤格式的人，空宮弱運在未、酉年。『紫微在午』命盤格式的人，空宮弱運在未、酉年。『紫微在未』命盤格式的人，空宮弱運在巳、申年。『紫微在酉』命盤格式的人，空宮弱運在寅、卯年。『紫微在戌』命盤格式的人，空宮弱運在丑、卯年。

倘若在這些弱運空宮裡，進入文昌、文曲、天魁、天鉞等吉星時，這些空宮所屬的運氣會趨吉增強，若對宮又有吉星居旺相照的話，這反而屬於吉運、旺運之流，尤其是形成『陽梁昌祿』格時，是名利雙收的旺運年份。

倘若在這些空宮中有羊陀、火鈴、劫空進入，而對宮又有煞星及化忌相照的話，這是一個極大發生災禍的暴發點，帶有死亡及血光的陰影。

這其中只有火星、鈴星在空宮中入座，而照會對宮有『貪狼星』

時，可得以化解，形成『火貪格』、『鈴貪格』之暴發運對人有益。照會其他的星曜皆無益有害，有災害降臨。

流年轉運術

從上述這些分析中，你可很明顯的瞭解到最希望在財運方面改運的人，往往就是：①擁有偏財運的人。例如『紫微在巳』、『紫微在亥』命盤格局的人。②有羊陀二星在財帛宮、官祿宮的人。③流年運程和流年財帛宮逢空宮弱運的人。

而上述的分析中也告訴你，有百分之六十的人，可在下一個流年運程或下一個流月運程，或下一個流日運程即可改變財運趨吉。只有『紫微在巳』、『紫微在亥』命盤格式的人，空宮弱運較多，要等得久一點，逢弱運時，要等三年、三個月、三個流日運才會轉好。

第二節　如何用流年法及『運氣圖』來轉運

除了感覺自己的財運拮据要來轉運的以外，其實一般人也常會有為自己財運改運的念頭，以期達到財富滾滾而來的狀況。

但是不管是任何一個人要轉運，首先都必須要弄清楚自己一生運程的里程表，也就是你的運氣圖。弄清楚以後才能做決斷。你必須先要看看自己是屬於下列的那一種人？找到屬性相同的，才能對症下藥找到真正能轉運的方法。

從『財運』來把人分類

我們從財運來分析人類，這種分類法分出的人種，只有兩種人。一種就是具有偏財運格的人。另一種則完全不具有偏財運格。

具有偏財運格的人和不具有偏財運格的人，在人生的運程起落的韻律或曲線圖是完全不一樣的。具有偏財運格的人，會依據偏財運格的不同而形成各式各樣的運氣圖形。例如武貪格是雙圓弧形和全壘打形，這在以下會談到。而不具有偏財運格的一般人，其財運運氣圖上、下的落點很接近，變化呈很平均的鉅齒狀，不管在人生格局或財運上，都會在一定的範圍中上、下震動，此人應歸類於『正財』型式的人生格局，因此改運的方法也有不同。

【具有偏財運格】的人如何轉運

具有偏財運格的人，其偏財運格大致分為三種運格：

①『武貪格』、②『火貪格』、③『鈴貪格』。

『武貪格』的人的轉運方法

『武貪格』的偏財運又分為兩種：

一、在辰、戌宮『武曲、貪狼』相照的格式，我們稱之為『辰戌武貪格』。此等偏財運發生在辰、戌年。

二、在丑、未宮有『武曲、貪狼』同宮的格式，我們稱之為『丑未武貪格』。此等財運發生在丑、未年。

而『辰戌武貪格』只會發生在『紫微在寅』、『紫微在申』兩個命盤格局的人的身上。這是屬於雙圓弧形運氣圖的人生格局。

而『丑未武貪格』只會發生在『紫微在巳』、『紫微在亥』兩個命盤格局的人身上。這是屬於全壘打形的偏財運格人生格局。因人生格局的圖形會在丑、未年呈人生高峰突起的狀況。並且其人在十二個地支年中有半壁人生運氣滑落至谷底的狀況，故而有此稱謂。

『辰戌武貪格』暴發運的人，人生格局呈雙圓弧形。(如下圖)

『丑未武貪格』暴發運的人，人生格局呈尖峰形。(如下圖)

紫微在『寅』命盤格式運氣曲線圖
『辰戌武貪格』

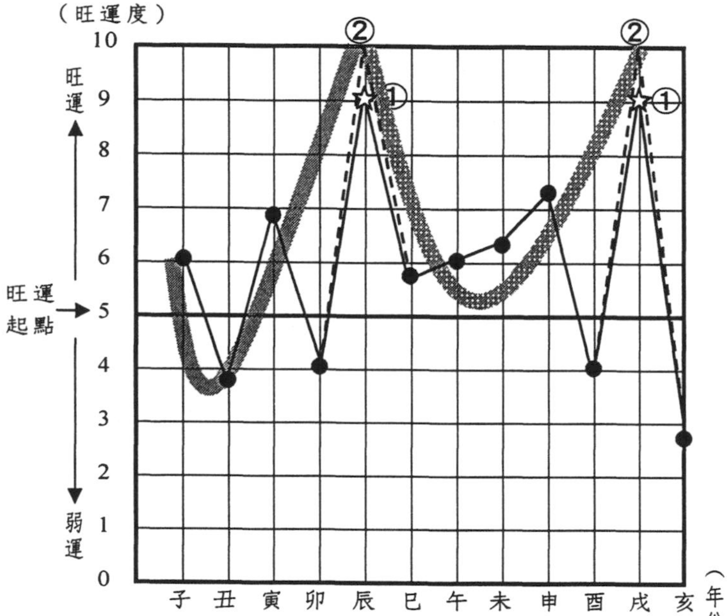

3.紫微在寅

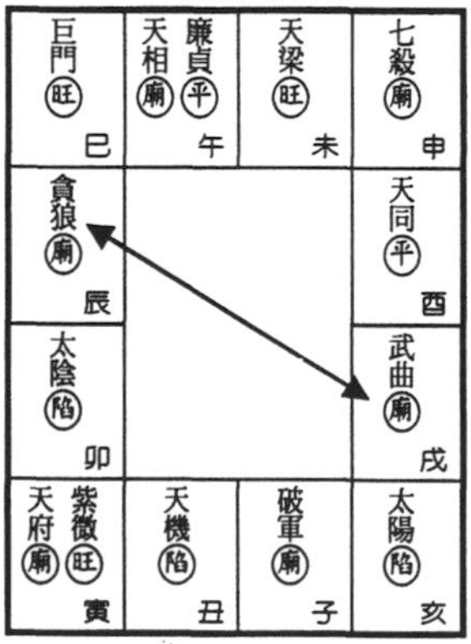

(1) ①是「武貪格」爆發「偏財運」的旺運點。

(2) ②是「武貪」加「火鈴」所爆發最強「偏財運」的點。

紫微在『申』命盤格式運氣曲線圖
『辰戌武貪格』

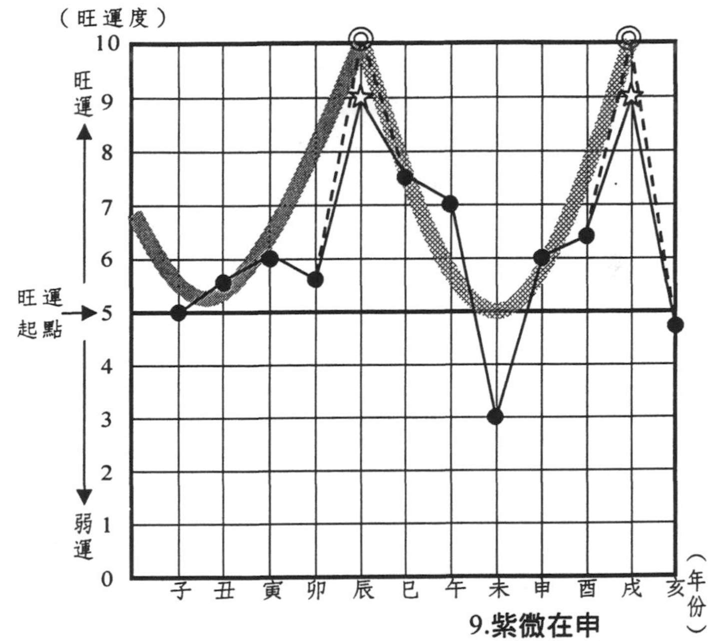

9.紫微在申

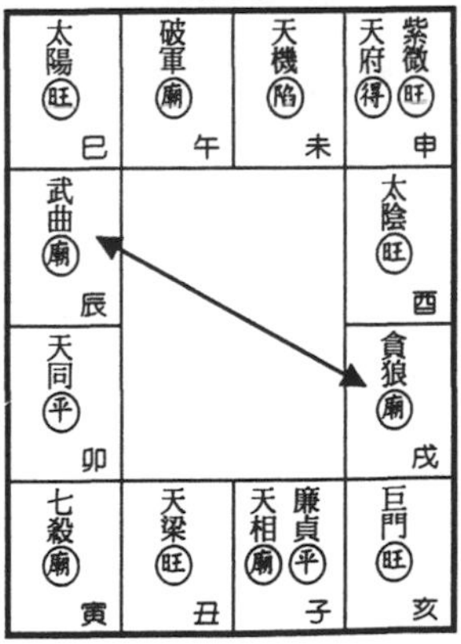

(1) ☆星點為「武貪格」所爆發「偏財運」的旺運點。

(2) ◎標示為「武貪格」加「火貪格」、「鈴貪格」所爆發的超級雙「偏財運」的旺運點。

紫微在『巳』命盤格式運氣曲線圖
『丑未武貪格』

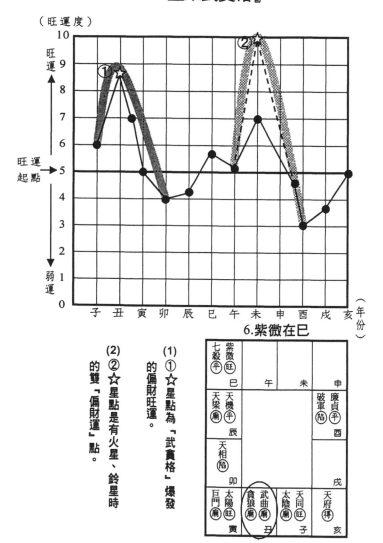

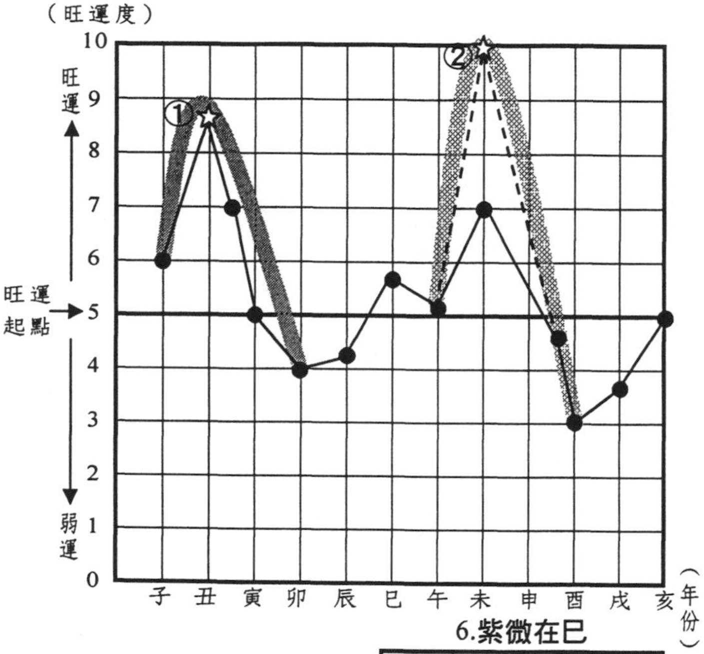

6.紫微在巳

紫微(旺) 七殺(平) 巳	午	未	申
天機(平) 天梁(廟) 辰			廉貞(平) 破軍(陷) 酉
天相(陷) 卯			戌
太陽(旺) 巨門(廟) 寅	武曲(廟) 貪狼(廟) 丑	天同(旺) 太陰(廟) 子	天府(得) 亥

(1) ①☆星點為「武貪格」爆發的偏財旺運。

(2) ②☆星點是有火星、鈴星時的雙「偏財運」點。

流年轉運術

紫微在『亥』命盤格式運氣曲線圖
『丑未武貪格』

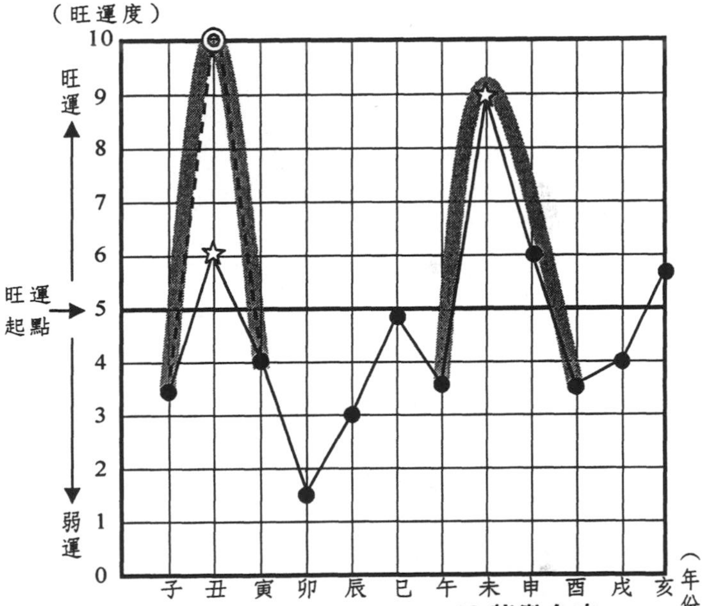

12.紫微在亥

天府(得) 巳	天同(陷) 太陰(平) 午	武曲(廟) 貪狼(廟) 未	太陽(得) 巨門(廟) 申
辰			天相(陷) 酉
廉貞(平) 破軍(陷) 卯			天機(平) 天梁(廟) 戌
寅	丑	子	紫微(旺) 七殺(平) 亥

(1)☆星點為「武貪格」爆發「偏財運」的點。

(2)◎圓點為有火星、鈴星的「雙偏財運」的點。

流年轉運術

『暴發運格』在人生運程與後繼旺運上也有不同

在我經過多年仔細觀察擁有『辰戌武貪格』和『丑未武貪格』兩組暴發運格的人之後，不但發現他們的人生格局有很大的差異，在旺運的後繼之力上，也有不一樣的氣勢。

我曾在『如何算出你的偏財運』、『驚爆偏財運』二書中指出，『武貪格』幾乎全是暴發在事業上的成就，再由事業上產生財富。而擁有『辰戌武貪格』的人，是真正由事業的暴發而成億萬富翁的人。『丑未武貪格』的人，只會將事業推向高峰，然而在財富的獲得上，卻無法和擁有『辰戌武貪格』的人來相比的。

在現今的社會名流中即有許多現成的例子：

『辰戌武貪格』的轉運方式

擁有『辰戌武貪格』的人，好運最多，暴發運也最強。但是在一生中遇到『七殺運』、『破軍運』、『天機陷落』的運程時，是你們容易暴落的年限。就像一九九八年瑞聯集團跳票的財務危機就是發生在老板的『七殺運』程上，不過『辰戌武貪格』的人，好運最多，又敢衝，因此渡過難關不是難事，只是多操勞一點就能渡過。不過『辰戌武貪格』的人切記在上述三個弱運年限不可再顢頇自大，一昧的擴張業務，否則亦會有一敗塗地的境遇。

『丑未武貪格』的轉運方式

『丑未武貪格』的人，首先要掌握自己的命盤，先弄清楚自己的

流年轉運術

『武貪格』是在『丑宮』或是在『未宮』，那就會很清楚的知道自己是在『丑年』或『未年』爆發。暴發多在事業上得到好機運。得到機運後要小心的經營，因為運氣下降得很快，因此事業要把握正確方向。

『丑未武貪格』的人最好是有固定的職業、事業。其實真正嚴格的說起來，你們的暴發運因『武貪格』對宮有空宮的關係，空宮弱運因相照的關係，暴發運不算強，因此實際上只能算是十二年暴發一次的暴發運。**至於其他如『武貪格』有羊陀相照、化忌同宮等暴發運形成破格的人**，是常無法感受到暴發運發生的了。因此你們必須有正業、得正財，才是自助之道。

『丑未武貪格』中『紫微在巳』命盤格式的人，你們在午、未、申、酉、戌年都是弱運年，做正職，得正財，平心靜氣，小心奕奕的守住自己崗位，在丑年暴發運來臨時，你會得到最大的回報。

『丑未武貪格』中『紫微在亥』命盤格式的人，你們在子、丑、寅、卯、辰、午年都是弱運的年份，更需要正職、正薪、平心靜氣來度過。

舉例：

我曾經看到一位前來改運的婦人，她在西元一九九一年，民國八十年未年(羊年)時因『武貪格』暴發運簽六合彩中了二千多萬元，接著野心很大，又到處招標做自助會，家產儼然形成四、五千萬，但是在第二年申年(猴年)時便走下坡，在戌年(狗年)時又欠下二千多萬元的債務，這個人便是『紫微在亥』命盤格式的人。因為此盤格局中，申年所走的『陽巨運』中太陽已西沈，酉年又逢『天相陷落』，戌年為『機梁運』不主財之故，所以一路滑落。若要再等如此旺運暴發，需再到未年才可，到時候也還要配合大運的盛衰，因此每個人若想好好的、快樂的過一生，勢必要對自己的命盤和運勢圖做一翻徹底的瞭解與掌握不可的！

流年轉運術

『火貪格』、『鈴貪格』的人的轉運方法

在暴發運中，『火貪格』、『鈴貪格』是直接讓人暴發錢財的典型偏財運格。

在**『紫微在子』、『紫微在午』兩個命盤格局中**，並且在子宮或午宮有火星、鈴星進入時，會形成『火貪格』或『鈴貪格』。在這其中又以『紫微在子』命盤格局中，『火星』、『鈴星』與『貪狼』同在『午宮』時的偏財運最佳，暴發的錢財最多。其次則是『紫微在午』命盤格式中，『火星』、『鈴星』在『午宮』出現，『貪狼坐子宮』時的偏財運了。這主要的原因是『火星』、『鈴星』在『子宮』是陷落的，在『午宮』居廟的關係。而『貪狼在子、午宮』都是居旺的位置。

在『紫微在丑』、『紫微在未』兩個命盤格式中，因『廉貪』在巳、亥宮居陷落的關係，偏財運的強度很弱。倘若『火星』、『鈴星』在『巳宮』出現與『廉貪』同宮或相照，會有數十萬元之資的暴發運，這在偏財運格中是小巫見大巫了。至於火星、鈴星在亥宮與廉貪同宮或相照的人，偏財運很少，也許不發，這是因為『火、鈴與貪狼』都陷落的關係。

在『紫微在卯』、『紫微在酉』兩個命盤格式中，以『火星、鈴星』和『紫貪』在酉宮同宮為稍強。火星、鈴星在卯宮居平陷之位較弱。此運可以中一些小獎、買賣股票。

在『紫微在辰』、『紫微在戌』兩個命盤格式中，以『火星、鈴星』在寅宮和『貪狼』同宮或相照，偏財運較強，此運全靠火、鈴的助力。因貪狼在寅、申宮居平的關係，力道不強。火、鈴在申宮落陷，因此火、鈴貪都在申宮時是偏財運極弱的。

『火貪格』、『鈴貪格』的轉運方法

有『火貪格』、『鈴貪格』的人，事實上只有『紫微在子』、『紫微在午』命盤格式的人真正能享受大爆發的快感，而且每隔六、七年一次的好運，讓他們在事業與財富上再接再勵。但是在這兩個命盤中我們也可看到在丑、未年的『同巨運』，隨即就把他們拉下馬來。因此未雨籌謀，勝不驕、敗不餒是這一類偏財運格局的人最好的改運方式了。或者就是在暴發之後把錢放在銀行中做定存儲蓄較穩當。

其他具有的『火貪格』、『鈴貪格』的人士，因為你們的偏財運格局在暴發運格中並不算是很大的，因此每隔數年、數月的小偏財會在生活中帶給你們許多人生樂趣，並不會如『武貪格』一般真正影響到你們的人生格局，因此最好的方法就是不要太寄望於偏財運、暴發運。自自然然的生活、腳踏實地的工作，人生中偶而爆發出一些小火花，增添人生的快樂，這就是為自己製造最佳運程的方式了。

【不具有偏財運格】的人如何轉運

在全世界的人口中有百分之六十五的人，是沒有偏財運的人。

你是不是這百分之六十五的人口中的一人呢？

親愛的朋友！你千萬不要氣餒！沒有偏財運和暴發運並不代表你會沒有好運、旺運。相對的，你可能可以因為明瞭了這個狀況，而發奮努力在工作上，一點一滴的累積而得到更大更高的成就。

不具有偏財運格的人，都是以『正財』為主的人。也就是必須有固定的職業、固定的薪水或收入來致富的人。這也清楚的指出以『正財』為主的人，主要也是靠儲蓄而致富了。我們可以看到台灣首富蔡萬霖先生就是一個不具有偏財運格的人，而以勤勞、智慧、統馭眾人的企業，積極經營而致富。

因此，沒有偏財運的人，反而不必歷經大風大浪的人生，高起時像坐雲霄飛車，敗落時如寒天飲冰水一般的痛苦了。你們的運氣只會在一定程度中上下起伏，故而你們要想致富，唯有靠儲蓄，一點一滴的儲存才是最佳的方法。

『不具偏財運』的人的轉運方法

一、**可參照本書前面部份**，每一個命盤格局中流年、流月所行宮位的吉凶，加以利用來改運。

二、**可利用運氣圖**，以及運命周期表中所容易發生事故的年歲或月份，選擇流年較吉的年份與月份來改運。

三、**不具有偏財運格的人**，最忌諱賭博、簽賭、做股票、期貨、或是投機生意。最適合做專門技術的人才，開工廠、拿正薪、腳踏實地的工作，如此在運氣起落時，才不致落差太大。

四、**可利用自己的生財方位**，和喜用神方位，來增加旺運來改運。

第三節　如何用流年法及圖表來轉官運、權力的運氣

這一節談的是利用『運命周期表』和『運氣曲線圖』來找出改進財運和升官、掌權的運氣。

事實上，你已從自己的『人生藏寶圖』——命盤中，已經得知那些年是吉順的、那些年是凶險的了！這一次再運用這兩種方法只是再一次的肯定人生中某些旺運點是關鍵時刻罷了，並且也能藉以找出人生的高峰點與最低陷的弱運點。

流年轉運術

先檢討以前的經歷，做為一生命運預測的基石

每一個人在想要轉運之前，都必要找一個安靜的時刻、安靜的地方，好好的分析自己以前所走過的路，以前所經歷過的大小事情，不論是吉的也好，凶的也好。並記下所有發生事故的年份、月份以及年齡。再來對照『運命周期表』中發生事故的年歲。

1 分析事故、分出吉凶

當我們在回顧以前的經歷的時候，多半是快樂的事物記憶猶新。不快樂的事物記憶較模糊。驚險、驚嚇的事物也容易讓人留下深刻的印象。因此當你中獎時、暴發時、升官時、金榜題名時、站上高位手握重權時、志得意滿時，都會有美麗而久遠的記憶。而這些美好的記憶歷久

流年轉運術

彌新。

好！現在把這些快樂美好的記憶，重新複習一遍，並找出它在你生命中發生的年歲、年份、月份。這就是你大吉大利的旺運時間。

另外，我們對於自己的血光之災、不順運蹇、心情鬱卒、失學、落榜、工作發生變化、失業、丟官、犯官司、生病住院、與人發生糾紛、打架鬧事、車禍血光、遇陰煞、窮困等的日子，也要記載下來其年歲與年份、月份，以便做對以後歲月的預測。

在我們將自己自出生到現在為止，一切所發生的事件做一個『吉』與『凶』的規劃之後，我們便可以利用這些資料來做一些詳細的分析，並且可和『運命周期表』做一個比對的工作。至此，從現在開始至未來的一切預測便可一目瞭然的出現在你的面前。

2 所有的吉、凶年歲都會在『6』的倍數年歲中反覆出現

現在我們先來談大吉大利的旺運時刻會出現的時間。

從自己的童年、少年、青年裡的前塵往事中，挑選出自己認為最快樂、愜意、得意的年歲，再把這個年歲數字加『6』或『12』，你會發現最後所得出的年歲數字年限裡，也同樣是讓你快樂、得意、有吉事、升官、賺錢、考試勝利的大吉時運。

為什麼要加『6』或『12』呢？

這就是因為在命盤中，流年的本命宮和對宮有相照的關係，同時也會相互影響，形成好運年了。

加『12』的原因，則是再相加12年以後，旺運又歷經原本的流年本

命宮位了，因此也是大吉的旺運年限。

例如說：張惠妹小姐是二十歲一舉成名的，她則在二十六歲以及三十二歲都會又逢旺運時刻。

有時候我們會在『運命周期表』上發現事故年齡有一年之差的差距問題，這主要是因為中國命理學是以虛歲、農曆做計算歲數的基礎，而『運命周期表』是以實歲、西曆做計算歲數的基礎之故，這是沒有什麼影響和關係的。

因此你若要知道自己會不會升官，則檢查看看你以前得獎狀，得到老師讚賞、功課精進、考上學校的那一年是不是正是目前所行運的流年。倘若你以前卯年是功課好，聲名好的一年，那現在這個卯年勢必是升官有望的年份了。

倘若你在小學時代的卯年，做了班長、股長之職，則你在目前的卯年也會得到權力、高職位。雖然小時候和目前你所處的境界不一樣，但其旺運的內容是相同的。

倘若你在幼年時代的某一年家中開始富裕起來，讓你生活舒適，心情快樂。假若這一年是龍年，則你在自己以後的命運中逢龍年的年歲，則都是金錢順利、賺錢的時候了。

相同的道理，凶災的時刻也同樣是重複展現在人生命中，相格6年及12年的歲數上。

凶災年歲也重複在『6』的倍數年歲中出現。

很多人在幼年時即傷災不斷，以致於習以為常，不以為痛。也從不在乎傷災是否會再發生？

但是人在成年以後，所經歷的事情變多、變複雜了以後，你所經歷的傷災事件的凶險，也就會隨著年紀的增長而不那麼單純了。人因為又

流年轉運術

有大運、小限的影響，凶災的內容也會改變。倘若你的大運好，在流年逢傷災的年歲也許只是小事一件，而轉向金錢的困厄或工作的不平順而已，將不順、不幸轉到成為財富與增貴的條件上受到挫折。

倘若大運極低落，流年亦凶，則萬事不順、血光、凶災連連，有時候也會形成生命的衰竭終斷，豈不更為可悲。因此定要小心。

因此我們要把幼年時有傷災的年歲找出來，用『6』的倍數往上加，看看到底有那些年歲是有傷災不順的年紀？

這種以受傷年歲以『6』的倍數相加起來的方法，可以一直算到一生至生命終了的時候。例如說：我自己設定自己可活80歲，則你可將80歲以內，有傷災不順的年紀全部都找出來、標出來，以做警戒。

另外我們也可把少年時代考學校失利或者幼年家庭中最苦的年歲、年份找出來，以這個年歲來加『6』的倍數，以期求出自己財運不佳與升官無望的年歲，在這些年歲中要多加小心，注意金錢的儲蓄和進出，並要事先加強人際關係的和諧，以便在自己不順的時候，不要多生枝節，製造自己更大的不幸。

3 利用『運氣曲線圖』來找出改運的年歲、年份、月份

在經過前面利用『運命周期表』來找出吉運和凶災的歲數和年份了以後，現在我們再來看『運氣曲線圖』，證明一下，是不是吉運的歲數就真的在『運命曲線圖』中，具有高檔旺運的年份？

我想這個答案是肯定的！舉凡運氣不錯的年歲和流年年份，絕對是處於屬於你的『運氣曲線圖』中旺運起點以上的部份。而不太順利及凶災時刻絕對是處在旺運起點以下的部份。而真正凶災會發生的時刻，也

絕對在『運氣曲線圖』中最低的黑點上。

這麼一來，我們得到一個結論，最好運的時候，就在『運氣曲線圖』中最高點的地方。而最壞運的時候，就在『運氣曲線圖』中最低點的地方。你只需找出這兩個點的所在便可以知道，自己什麼時候大發？什麼時候會有惡運？好的時候積極奮發圖強努力，壞的時候預先做準備，小心謹慎，如履薄冰，兢兢業業的做事，對於傷災、車禍小心避過那個不利的時段或日子，自然會一切吉祥如意了。

第五章　愛情轉運術

夫妻宮和身宮都是與人類內心情感世界有關連的宮位。夫妻宮不好的人，在處理感情問題上都有瑕疵。**因此要轉運，必先從自己的個性著手。**

人在出生以後，即與周遭環境中的人、事、物產生互動的感情，人在歷經嬰兒期、幼兒期、少年期所得到的感情經驗累積起來，就形成在成年時期處理感情問題的方法模式了。

感情問題是因人而異的，一般來說，我們只能說某些人的問題是相類似的，而無法說世界上有一模一樣的感情問題。也就是說：世界上沒

流年轉運術

有一模一樣男女之間互相對待的方法。

為什麼人類的情感會形成如此不同的方式呢？這主要是因為每一個人所得到的遺傳基因不同，在生活過程中所感受到外界傳達給自己情感的資訊不同，感受不同，兼而形成自身的個性之不同所致。

在紫微命理中，夫妻宮就是展現你內在感情內涵的地方。從夫妻宮中便可一目瞭然一個人在情感上所欲展現的魅力，與心中隱藏著的對情感受挫時的邪惡感。

很多人會很驚訝的說：『夫妻宮不是看會嫁娶到什麼樣的配偶的宮位嗎？』為什麼又說夫妻宮會是看情感問題所在的宮位呢？

的確如此！夫妻宮和身宮習習相關，更可以說是另一個身宮。因為它們都是和人類內心情感世界有關連的宮位。縱然是某些人的身宮並不落在夫妻宮，但他的夫妻宮中有廉貞、貪狼、擎羊、破軍、七殺、陀羅、巨門等星出現的人，其人對感情的要求也是非常高的，也常會在生命中某段時期落入為情所苦的歲月裡，這和身宮落於夫妻宮的人有相同的境遇。

正因為如此，所以每當有人問我：『我的夫妻宮不好，有擎羊或者是有七殺，我的婚姻不美滿，是不是我娶到不好的女人？或是嫁到不好的男人』時？

我總是回答說：『感情的問題，求人不如求己。夫妻宮不好，實際上是你在處理感情問題和選擇配偶時，沒有注意到實際的現實問題。夫妻宮中有煞星存在的人，性格很乾脆，也喜歡爽朗、豪放的人，常憑一時之喜好，便決定了終身大事。沒有經過長間的考核，與對婚姻會受外在壓力的影響做出全盤的考量。

我常說：夫妻之間的感情與男女朋友之間的愛情，是世界上最赤裸裸的感情了。很多人把不會對父母、子女、朋友說的話，都會告訴自己的另一半，使彼此可以得到相通的效果。很多人可以對父母很好，對子女、朋友很好，這些只是在一定的道德規範中，可以很容易做到的一個假象。倘若一個人對妻子很好，但又在外面有別的女人，這個人所做的假象，便是對人生所有的事物都是以做假的態度來面對了。這些是我以感情問題的角度來看一個人的內在真性情。

夫妻宮不好的人，必須先嚴以律己，自我反省

所有夫妻宮不好的人，在感情問題上容易不順暢。為什麼會造成如此的結果，你必須從自己表達情感的方式，與自己內在深層的情感來剖析自己。並且找出問題的癥結。有時候價值觀的不一樣，對事情看法的不一樣也會累月經年形成彼此的嫌隙，因此先從自己方面找出缺點，有

了一個完整的自我反省之後，再來看待對方，你的心也就不會再陷於只是要求對方，諉過於人的心境之中了。

情人或配偶的夫妻宮可以彌補自己的夫妻宮

所有夫妻宮不好的人，倘若能交往到夫妻宮內有吉星的情人，或是嫁娶到夫妻宮中有吉星的配偶，這些人的配偶運會依然是吉運多多的。在這個情況下，你自己的夫妻宮不好，就必須多做反省和忍耐，不要太挑剔別人，做牛做馬也認了，自然會成就美滿幸福的婚姻。

自己的夫妻宮好，情人或配偶的夫妻宮不好時，你可以引導對方走上婚姻美滿之路

很多人在學了一點命理之後，便小題大做。譬如說：看到自己的命

好，夫妻宮好，財帛宮好，而情人、配偶的某些宮位方面不好的人，便對自己的情人或配偶產生嫌惡，有時候會有不好的態度產生。

我們常聽到『夫妻本是同林鳥』、『夫妻是一體』。感情深厚的情人，實則已和夫妻一樣俱有命運共同體了。夫妻的運氣可以互補，我在很多書中都再三提及。況且世上沒有真正命不好的人，命不好的人是無法存在於世間的。世上只有運不好的人。夫妻和情人間又可以靠運氣的相互助運與互補的方式來製造更佳的旺運，這真是能平和所有的情人或配偶的快慰之事了。

倘若你是屬於夫妻宮好的一方，你可以很欣慰的瞭解到你處理感情問題是以溫和、理智的態度來對待情人或配偶的。相對的，在戀愛之中或家庭之中，你便是凝聚情感或家庭的舵手，在感情方面，一切都要靠你了！相對的，你的桃花緣份重，為人多情可愛，重情重理，因此你更要展現出你的長才來，好好的掌握這一切的情感企機，製造一個成功美滿的家庭出來不可。並且你可以利用你在處理情感問題上的優點，把你的情人或配偶引導至和諧、美滿的情愛道路上去，這在你來說是一點也不難的事。

自己的夫妻宮不好，情人配偶的夫妻宮也不好時，彼此忍讓，各忙各的，可維持較長久的情感與婚姻關係

兩個夫妻宮都不好的人相戀，或組織家庭，在現今的社會中非常多見。夫妻宮是呈現內在感情的宮位，因此夫妻宮不好，有煞星存在時，就會表現出內在感情裡對別人有太多的要求。

例如：

夫妻宮中有【七殺星】的人，對於情人或配偶總是有不滿意的地方，也就是情人和配偶始終無法達到他的標準與要求，而弄得自己身心疲憊。

夫妻宮中有【貪狼星】的人，凡事以自我為中心，要求別人事事要順自己的意思做事，每當不能順心的時候，便想放棄這個人，另尋他人來代替了。這也是夫妻宮有貪狼星的人，容易夫妻不和及離婚的原因。

夫妻宮中有【破軍星】的人，其人的感情是變化多端的，疑心病重的、善變的、陰晴不定的。他們常會尋找和自己不一樣性格的人，來帶動自己保守、略帶孤僻的生活。但是他們又會疑神疑鬼於對方是否對自己忠心的問題，這種疑心病造成家庭中的不和諧，繼而以分手收場。

夫妻宮中有【廉貞星】的人，是一個事事精於計謀的人，在感情上很直率、豪爽，這種感情處理的模式，有時候反而是家庭和諧的力量，因此並不是全然不好的。

夫妻宮中有【巨門星】的人，巨門居旺的話，不但你的配偶是一個喜歡狡辯的人，就連你也擁有這種傾向，因此你的家庭裡會非常熱鬧，天天在開辯論會，你和你的情人或配偶成天在挑剔對方，無事找碴，倘若有良好的事業在忙碌的話，聚少離多，就不會發生什麼問題了。倘若雙方都很空閒，吵架的機會多，則總有一天要吵翻的了。夫妻宮中的巨門星若落陷的話，很抱歉！你和情人或配偶雙方都會有不講理的情況產生，各持己見，各自行事，誰也不在乎誰的感覺，很可能只以自身的利益為重，倘若雙方彼此的利益有共通點，則必合。若利益有分岐點，則必分。做丈夫的最好多賺一些錢給妻子，家庭才會和樂。

夫妻宮中有【擎羊星】的人，是一個對感情很計較的人，常要試探對方對自己的愛意有多深？忠誠度有多少？是自己付出的感情多？還是對方付出的感情多？倘若察覺自己付出的感情大對方付出的，便心存不

流年轉運術

平，便立即會有有報復的言語和行為出現，同時他們對於自己的情人和配偶總是存有懷疑的心理，讓別人很難去瞭解他。並且當配偶或情人要離開自己的時候，他們總是會先下手為強，採取強烈的手段，不是與石俱焚，便是搶先制裁這個變心的人。我們可以看到許多情殺案之所以產生，便是這種在夫妻宮中有擎羊星的現象在作怪。但是我們也不能否認感情問題也一直是存在於這種人內心深處的折磨裡，讓他的內心從始至終都因為自己的疑惑、善妒而飽受折磨。

夫妻宮中有【陀羅星】的人，其人的情感常有扭曲、不實際的想法。有時候他會把與之戀愛的對方想得太完美了。有時候又會把對方想得太低俗、嫌惡。因此這種人，常使自己不快樂，也造成與之戀愛的情人也不快樂。他們有話不直講，喜歡內心做故事，讓別人弄不懂他真正的心意。等到情人或配偶已無法忍受，要求離開時，他又開始憎恨對方的無情無義。

夫妻宮中有【火星】的人，其人的情感熱烈而直接，會有一見鍾情，快速結婚的狀況。在感情問題中也是很講求速度，喜歡乾脆不拖泥帶水的人。但是夫妻宮中，若有火星和其他煞星存在時，其人感情表達的方式便很惡質了。愛情來很快，去得也快，而且結束感情時，是會以暴力的方式來終結它。

倘若夫妻中只有火星單星居旺或是有火星和吉星同宮時，只表示你的情感很熱烈與直接，性格急躁。你的配偶也同樣是一個急躁的人，吵架的時候很火爆，但也很快的雨過天青，並不一定會嚴重的影響到家庭幸福。**只有在夫妻宮中單星居陷或與煞星同宮時**，會與配偶或情人產生火爆場面無法收拾，可能會影響到彼此情感，甚至會相互傷害的。

流年轉運術

夫妻宮中有【鈴星】的人，表示其人在感情上有內在陰狠的特質，善於計謀。倘若與情人剛交往時，他們很會表現自己，也攻於心計。很會討好人。對於自己所熱愛的對象，會展現出織網捕獵般的技巧。但是若愛情不順利，或情人要求分手，則必須承受報復的代價，是有一點可怕的了。

縱觀上述這些夫妻宮中有煞星的人在感情上所展現出的狀況，可以知道夫妻宮不好，感情不順利，並不完全是別人的問題。實則還是自己的問題。至少，選擇情人或配偶時，還是你自己做出抉擇的嘛！問題還是在你呀！有了這個體認，再來談對感情問題的修正與改運，便會容易得多了。

第一節　如何用流年法解決夫婦及家庭問題

在我命相的歲月裡，遇到許多要離異、夫妻不合的案件，但是其中包括的狀況常不同，而真正因雙方夫妻宮不好而分開的人，並不太多。並且常常會出現雙方夫妻宮都好，彼此也是對方的真命天子，卻因外在的因素一時氣憤而離婚。

因外力問題所造成的夫妻不和

丙子年初，有一位長得非常漂亮的小姐來找我，談到她已經離婚半年，現在在一家證券公司工作，雖已有追求者，但不知是再續前緣，還是另嫁他人較好？

這位小姐是巨門坐命的人，她的夫妻宮是太陰居旺，於是我問她：

流年轉運術

夫婿是否是長相文質彬彬，長得很帥的人？她點頭答是。多麼好的一對璧人呀！前夫在離婚後還經常來探望她，送生活費給她，非常關心。到底是什麼原因會拆散這對尚且相愛的夫妻呢？

原來夫婿家開設高級的鐵工廠，一切是由公公作主掌權的。因她的夫婿是獨子，將來的工廠必會完全要交給他。而公公已作決定要將工廠遷往大陸東北，以便直接可獲得原料，目前他們工廠在台灣生存上比較困難。

工廠遷移，全家也必須遷往大陸，這位小姐是生在台灣，長在台灣的人，要離開台灣熟悉的一切與親朋好友，去到陌生堅苦的環境裡，萬分不願意。但是夫婿很軟弱，不敢向暴君似的公公反應。最後公公終於知道媳婦不願去大陸，而暴跳如雷說：『你們乾脆離婚好了！』這位小姐也賭氣離了婚，把剛滿周歲的女兒交給婆家，自己搬了出來，閒晃了好幾個月，才找到證券公司的工作，立刻有上司及同事強力追求，煩不勝煩，也不知道何去何從？

這位小姐是丁年生，有巨門化忌在命宮的人。雖然外表長得很美麗，但頭腦常不清楚。思想三心兩意，一會兒想和夫婿和好，但又氣他懦弱，不敢反抗父親。一會兒又想再交往能幹多金的男朋友，左右舉棋不定。可是若她再不清醒一點，在這麼複雜的環境中工作，很容易被不懷好意的人追去，或糟蹋掉，再回頭就難了。

這位小姐明知丈夫是文弱的，無法反抗父親不去大陸，事實上家族企業已面臨夕陽工業，即將無法生存，是不是可以和丈夫商量後，再與公公協商，取得一個中和的方法，例如讓這位媳婦半年在台灣，半年在大陸等等的狀況。大家都退一步，事情就會有好的轉機了，而不是大家各持己見，做爭奪兒子或丈夫的拉鉅戰。最後這位兒子因不能丟棄父母，而只好與妻子離異。讓這位小姐輸得很憤慨。

我們再看這位小姐在豬年剛好走的是廉貪運，運氣不好，思想也較固執，又沒有外緣機會來幫忙，打圓場，因此斷然離婚。她不但是與公公、丈夫賭氣，實則也是與自己賭氣，得不償失！

因外遇問題所造成夫妻不合

許多外遇問題，都是現今社會物慾橫流，人性貪赧、自私的結果所產生的家庭問題。我們也可以很清楚的看到在社會新聞中、外遇問題所造成的殺傷力，多半是妻離子散、家破人亡。但是為什麼還有這麼多的人前仆後繼，飛蛾撲火呢？這就只緣在每個出軌的人，都以為自己能做的很秘密。一種僥倖的心態使然。

外遇問題是非常複雜的感情問題，不是能隨便勸一下便能結束的，並且在剛發生時非常隱密，在配偶得知時，已發展得無法收拾了，家庭問題因此造成。

現在提供你一個利用『運命周期表』來預測外遇事件的存續問題，以方便你可做一個抉擇。

用『運命周期表』來預測外遇問題

你可以利用前面的『運命周期表』中的數字。

首先把發生外遇或分手的情人或配偶的生日(西曆）數字相加起來，得到一個系數，然後再查系數表中會發生事故的年齡。看看是否是現今正逢的年齡。倘若是，則表示他這一年會有重大事件會發生。但並不一定會離婚喲！倘若不是，則不必擔心了，事情會自然淡化消失。

你若能得知此人的外遇或移情對象的生日系數，那會更好。查一查他今年的年齡是不是同在事故年齡上？倘若外遇的雙方人士其當時的年齡皆恰巧在事故年齡上，則這段感情可能是分不開的了，你必須早做打算。倘若外遇的雙方，一個有，一個沒有在事故年齡上，則他們的感情會無法延續。

預測是否離婚

另外，你也可利用自己的生日系數和配偶的生日系數，來找出事故年齡，是否有同在事故年齡上的問題，倘若有，則要小心了，可能會有家中發生大事件，或者會有離婚的徵兆。

倘若自己或配偶其中的一人，此時正逢在事故年齡上，另一人並不逢事故年齡，則只有正處在事故年齡的人必須小心，也許問題出在別的方面，並不是婚姻的問題。

因家庭暴力而產生的夫妻不和

家庭問題一直是社會問題的主軸，而家庭暴力在家庭問題中也佔有重要的份量。從許多社會案件中，我們也可以發現到家庭暴力的產生有許多共通點，就像施暴者雖然在學歷文化上有升高的趨勢，但是皆有急怒、性情粗暴，以及在社會上適應不良或在事業、家庭中存有挫敗性的失落感。

據調查顯示，凡是夫妻間有問題的人，大多數是夫妻宮不好的人，**而以夫妻宮內有巨門、破軍、廉貞、貪狼、七殺、擎羊、火星的人最愛吵架**。而以夫妻宮中破軍、七殺、羊陀、鈴星的人會以武力相向，打架吵鬧。若是夫妻宮單星坐擎羊、陀羅、化忌、天刑的人，會以沈靜陰險的態度冷戰。在前面的章節中，我也曾談到夫妻宮也是表達了個人內在感情發展的宮位。**夫妻宮不好的人，實際上也是選擇了不好的溝通方式**，因此此種夫妻不合的因素就不會只存在於單方面的問題了。

婚姻對於一個人的影響，其實遠勝過事業、金錢。婚姻不美滿的人，無論再怎麼灑脫，也終究是心中永遠的痛。也永遠是使情緒受傷的劊子手。因此我常勸年輕的朋友在結婚前，定要選擇個性、品德皆不錯的人，命宮主星為吉星居旺，且沒有煞星來會照的人，才與之結婚。如此，縱然自己的夫妻宮不好，情感的表達方式不佳，仍可獲得補救。

最近有許多演藝圈的女星，因去算命，而與未婚夫、男朋友分手的消息，許多人嗤之以鼻，笑談迷信。其實人多在有問題出現，而又無法痛下決心的時候會去算命，命相師以五行相剋相生的道理加以解釋，最重要的決定還是屬於當事人的，別人是無法置喙的。

看到這些女星的決定，我覺得非常聰明與有智慧。發現有問題的婚姻，不需要再一腳踏入這趟渾水。對自己來說是確切實際的保護，沒有好的開始，當然也沒有好的未來。只不過多增加一個問題家庭而已，也毀了自己的一生。

在某些場合，我常會碰到一些年輕人問我：『老師，我會不會離婚？』甚至有些快結婚的人，也這麼問。

這個問題很有趣，會不會離婚？應該問你自己，你想如何經營你的婚姻，卻為什麼來問我呢？

大家都知道蘇格拉底的妻子是個悍婦，沒有德行，但卻『成就』了蘇格拉底這位大哲學家。由此可見蘇格拉底的夫妻宮是不好的了。而蘇格拉底之妻的夫妻宮卻很好，他們也沒有離婚，是不是很離奇呢？

現在，社會進步，大家對於自己的保護太過，對別人的要求較多，不肯自省、自我檢討自己個性、處事方法的缺失。**夫妻為生命共同體。**

夫妻是影響你整個生命、事業、錢財(命、財、官為三合宮位）等整個生命歷程的關係人。你怎能不小心維護、戰戰兢兢、如履薄冰的善加扶持呢？

目前社會亂象群起，追究其原因，也多半是由家庭問題所延伸出來的。現在讓我們看看會遇到家庭暴力的女性會具有那些夫妻格？

具有易遭受家庭暴力傾向的婦女命格

一、女性的夫妻宮中具有廉貞、七殺、破軍、武殺、武破、廉殺、廉破、廉貪、巨門、化忌、擎羊、陀羅、火星、鈴星(羊陀火鈴單星獨坐）的人，都擁有凶悍、是非多的配偶，自己本身也性格倔強、頑固、易怒，在婚姻生活上不協調。容易吵架打架。

二、女性的配偶命格為廉貞、七殺、破軍、武殺、武破、廉殺、廉破、

廉貪、巨門、化忌、擎羊、陀羅、火星、鈴星、劫空的人，夫妻宮再不吉時，會有家庭暴力的問題。因為本身個性暴躁所致。

三、女性的配偶的命宮雖為吉星，但四方三合地帶有多顆煞星來會的人，個性上也會凶狠、陰險。夫妻宮再不吉者，也會有暴力傾向。

四、女性的夫妻宮有化忌星的人，終生與配偶糾纏不合。爭吵無寧日。

例如：

有【武曲化忌】的人，為金錢而吵架、打架。

有【巨門化忌】的人，配偶是個扭天別地古怪的人，性情反覆無常，常製造是非來爭吵。

有【太陽化忌】的人，若太陽居旺宮，不畏化忌，只是配偶常煩悶。若太陽居陷地，配偶常以事業不順遂而與妻子冷戰。

有【廉貞化忌】的人，配偶常惹官非、麻煩、桃花是非，而做出不講理的事情來吵鬧。

有【貪狼化忌】的人，配偶性格內向，但常好女色，犯淫禍而不知悔改，家中常吵鬧無寧日。(此女性本身也不規矩)

有【天機化忌】的人，配偶太聰明多變、古怪精靈，你無法跟上他的腳步節拍，而多生是非爭吵。

有【太陰化忌】的人，若太陰在亥宮居旺，則不畏化忌。配偶只是不會和女性相處，或因和別的女人糾纏的問題，而和你多生口角。若太陰居陷宮，再化忌，配偶財運不佳、太窮了，再加上不會和女性相處，引起你們的口角爭吵。

有【文曲化忌】的人，你的配偶很不會說話，說話很難聽，人緣也並不好，這是引起你們感情不睦的主要原因。

有【文昌化忌】的人，你的配偶常不夠聰明、或許是聰明反被聰明誤的關係，幹些糊塗事，讓你不能原諒而發生爭吵。

五、當流年、流月、流日的運程行逢流年夫妻宮、流月夫妻宮、流日夫妻宮，不吉的時候，容易與配偶爭執，倘若再是凶星、煞星多者，會有家庭暴力的事件發生。

家庭暴力的問題，多半是長期累積的問題不能獲得解決，或者是男性怯懦的本性，在事情無法自己控制時，而以武力做一個結束。女性為求自保，應儘量不要讓暴力行為有加諸自己身上的第一次。倘若第一次已經發生，也不能再讓其持續發生，成為慣性後，夫妻將不再有情份可言。目前社會上已對受虐婦女伸出援手，有一些機構能幫助婦女逃脫婚姻暴力的陰影，有需要的人可去請求協助。

第二節　如何用流年法解決晚婚、不婚問題

在現今的社會裡，單身貴族的人口變多，一方面是社會形態的改變，再方面是人際關係的疏離感使然。實際上這些單身貴族都承受了外界極大異樣眼光的壓力。開朗的人，尚且可以自嘲度日。沈默內斂的人，就多少有些抑鬱了。

許多女性的單身貴族，在工作勤奮打拼之餘，常會受到同事或上司的配偶挑釁的眼光監視，將其視為第三者的帶原者。內心甚為憤慨，但也無可奈何。

另一些男子，在辛苦打拼、事業稍有成就時，再環顧四周的朋友，皆已妻兒圍繞，只有自己鶴立雞群，這才感到孤獨，需要來關切一下自己的感情問題了。

我們來看一下這些單身貴族的問題。某些人並不一定是命盤中的桃花星太少，因為桃花星少的話，他們在工作上便不會如此順利了。某些人也不是沒有結交男女朋友的機會，只是離衝動到要結婚的那一刻有一段距離罷了。

在紫微命理中，若夫妻宮中有地劫、天空，若再有空亡、截空同宮的人，比較會有知音難求的困擾。結婚的機會不多。

通常在人命盤中的夫妻宮裡有擎羊、陀羅、化忌、地劫、天空等星的人，會晚婚。而且又無紅鸞、天姚、咸池、臨官、天喜、沐浴等桃花星在夫妻宮的四方三合宮位照守的人，戀愛的機會少，結識異性的機會也少。

因此我們在觀看人之命盤中，何時會有桃花緣份時，**不但要注意廉貞、貪狼等大桃花星所分佈的宮位，更要注意紅鸞、天姚、咸池、沐**

流年轉運術

浴、天喜、臨官等小型桃花星的分佈狀況。

在紫微斗數中的星曜裡，另外尚有紫微、太陰、天梁、文曲、右弼、天鉞等星皆為帶有桃花意味的星曜。總共加起來就有十四顆俱有桃花成份的星曜。這些星曜會因年、月、日、時的不同而分佈在十二個宮位中。所以除非是某個人命盤中，大的桃花星多顆都居陷位，而小的桃花星又都聚集在一、兩個宮位，而造成桃花緣份受到抑制。如此的人在外表與外緣上都會顯出冷冰冰的態度，讓人無法親近。

在遇到上述這種命格時，命相者的建議多半是教導桃花成份少的人，在流年、流月、流日行經桃花星所在的宮位多加努力，尋找能結交異性朋友的機會，甚至於參加婚友社的活動，或者是多參加親朋好友的婚慶喜宴，以增喜氣。

這種桃花星集中在命盤少數宮位情形的人，可能需要借助朋友、親友的幫助製造機會及相親，才可能會有好事近的機會。

以本生年支及紅鸞的方位來預測結婚年份

本生年支	容易結婚的年份
子	亥、卯、未年
丑	寅、午、戌年
寅	巳、酉、丑年
卯	申、子、辰年
辰	亥、卯、未年
巳	寅、午、戌年
午	巳、酉、丑年
未	申、子、辰年
申	亥、卯、未年
酉	寅、午、戌年
戌	巳、酉、丑年
亥	申、子、辰年

由上述的表格中可顯示出來，屬相是：

【屬鼠的人】：最可能結婚的年份是豬、兔、羊年，因紅鸞在『卯』的緣故。

【屬牛的人】：最可能結婚的年份是虎、馬、狗年，因紅鸞在『寅』的緣故。

流年轉運術

【屬虎的人】：最可能結婚的年份是蛇、雞、牛年，因紅鸞在『丑』的緣故。
【屬兔的人】：最可能結婚的年份是猴、鼠、龍年，因紅鸞在『子』的緣故。
【屬龍的人】：最可能結婚的年份是豬、兔、羊年，因紅鸞在『亥』的緣故。
【屬蛇的人】：最可能結婚的年份是虎、馬、狗年，因紅鸞在『戌』的緣故。
【屬馬的人】：最可能結婚的年份是蛇、雞、牛年，因紅鸞在『酉』的緣故。
【屬羊的人】：最可能結婚的年份是猴、鼠、龍年，因紅鸞在『申』的緣故。
【屬猴的人】：最可能結婚的年份是豬、兔、羊年，因紅鸞在『未』的緣故。
【屬雞的人】：最可能結婚的年份是虎、馬、狗年，因紅鸞在『午』的緣故。
【屬狗的人】：最可能結婚的年份是蛇、雞、牛年，因紅鸞在『巳』的緣故。
【屬豬的人】：最可能結婚的年份是猴、鼠、龍年，因紅鸞在『辰』的緣故。

第六章　如何用流年法為人災、訴訟轉運

因『人』所產生的問題，即是『人災』。犯小人、受到因『人』所製造的損害，不論是精神上、利益上、身體上的損害，皆包括在內。

所謂『人災』即是因人而起的災害。通常『人災』會分成『事件衝突』與『錢財耗損』兩種型態。

『事件衝突』的型態也就是運氣不好，遇到不相合的人，以致發生

言語或肢體上的衝突，或造成彼此利益上的衝突。這種狀況會在不管你認識的、不認識的人當中都會發生。我們常在報上看到打群架、圍毆，以及計程車司機聚眾鬧事，這些都屬於『人災』的範圍。

另一種『事件衝突』的型態，就是屬於個人的事件，這也就是我們常俗稱『犯小人』的事件，這也是典型『人災』的實例。

屬於『錢財耗損』的型態的人災，就例如被倒會損失錢財、被騙、或是被人欠債不還而消失無蹤等等的狀況。

通常會與你發生『事件衝突』的人災原因有很多，譬如說：大環境的影響、社會氣氛的影響，甚至於政府人員的職責疏忽。

另外範圍小一點，**只涉及個人方面的『犯小人』事件**，就可能是同事或直屬長官的相處不和悅，在升官發財的當頭，頻加阻攔、刁難，造成不順。

會發生『錢財耗損』型的人災原因也很多，多半是交友不慎、被騙、被陷害、被拖累，以致錢財損失。

通常會與你發生財務關係的大多為家人(兄弟、妻子、父母、子女)、朋友、事業上的夥伴。因此我們看『人災』時，首重『僕役宮』與『兄弟宮』這組星曜。倘若你的『人災』是由事業而起的，你不僅要看『僕役宮』與『兄弟宮』對照的星曜，還要看『官祿宮』和『夫妻宮』對照的星群。倘若你的『人災』是由長輩、上司所引起的，也必須看『父母宮』與『疾厄宮』對照的這組星曜。

看『人災』首重『僕役宮』與『兄弟宮』相照的這組星曜的原因是：『僕役宮』又稱『朋友宮』。代表著我們與朋友之間的關係，以及為我們所用之人(部屬)與我們之關係。是屬於平輩、同輩，以及晚輩的層次。倘若某些人的年紀雖比你大，但是為你所用，也在這個『僕役宮』的範圍之內的層次之中。

『兄弟宮』代表著我們與同輩、平輩之間的交往方式。在上述這兩個宮位中，若其中有一個宮位有煞星存在，在流年、流月逢經此宮，就必須小心有『人災』的問題出現。

但是『人災』有輕重、緩急之分，有時候只是些微的人際關係的不和諧，或者是彼此不對味，在做事時互有置肘牽制，並不會有很嚴重的事情發生。真正有大的利益傷害，使你破財、有傷災，才稱為『人災』。

其次，我們看『人災』又必須看事件的型態類別。例如『事件衝突』類的問題，往往都發生在你運氣較弱的流年、流月裡。**譬如說：**像內湖地區曾經因颱風而引起的水患。像林肯大郡坍塌的傷亡等的事件。其中雖有天災的促因，但也是因為『人災』的問題而使事件暴露出來的。因此我們在為預防類似的事件時，也就是要預防因大環境中所形成的不好的『人災』問題時，不但要注意『僕役宮』、『兄弟宮』。也要查看自己的流年、流月的運氣。以及『流年僕役宮』、『流月僕役宮』的運氣，才會準確。

在工作場所遇到人際關係不順暢時，也和上述有同樣的看法。先看流年、流月的運氣。再看本盤中『僕役宮』、『兄弟宮』的運氣。三看『流年僕役宮』、『流年兄弟宮』中的運氣，便可得知問題出在那裡，用什麼方法可以化解？倘若煞星太多，很難化解時，便要等待下一個流年、流月的運氣，星轉斗移、時光變遷也是解決問題的方法之一呀！

另外，在升官問題上遇到『人災』時，倘若問題是出在上司和你之間的關係不順暢，則除了你必須要看的本命『僕役宮』運氣，以及流年、流月的運氣之外，你還要再瞭解自己本命的父母宮所坐的星曜以及

『流年父母宮』所逢之星曜，以作參考。倘若『本命的父母宮』以及『流年父母宮』所逢之星曜皆為吉星，則你還是會有貴人相助，『人災』事件會很快的平息。最後還是會有好的結果。倘若本命父母宮，及流年、流月所逢之父母宮皆不佳。那表示所有的運氣都不佳，又沒有上級貴人來相助。勸你最好放棄升官的妄想，還是老老實實的把工作做好，再等待較佳的時機來臨吧！

因朋友、兄弟而起的『人災』

在我們觀看『人災』的時候，主要是以流年、流月的活盤為主。在流年、流月的活盤裡。流年財帛宮不佳，有化忌、劫空、殺破、羊陀、火鈴等煞星侵臨時，或財星被劫時，財運不順有破耗。再看流年、流月之『兄弟宮』、『朋友宮』亦是不佳，如有同巨在丑未宮；巨門居辰、戌宮；天機居丑、未、巳、亥宮；破軍、天相居卯、酉宮；武殺、廉殺、廉破、廉貪、七殺、武破、天梁居巳亥宮；太陰居卯、辰、巳、午、未宮。太陽居戌、亥、子宮的人，可能會遭受朋友或兄弟所加之不吉災禍。若流年財帛宮亦有上述這些星，則錢財受損是必然的了。這就是『人災』。通常朋友宮與兄弟宮中有廉殺、廉破、廉貪、武殺、武破、同巨、化忌者更驗。

舉例說明：

數年前，一位朋友氣急敗壞的來找我，希望我能幫她的兒子看看命。她言道：她的兒子是個不愛講話的人，也不知他的心裡在想些什麼？當時正在唸高工電子科。

當他還在上國三時，有一天，一個自稱是兒子朋友的人找到家裡來，宣稱她的兒子欠他很多錢，都是買安毒的錢。

這一聽，非同小可，她從來不知道兒子已吸安毒。大驚之下將兒子狠狠責罵，家中真是雞飛狗跳一般。雖然兒子再三辯解沒有吸毒，可是父母親都不相信。

看著眼前這個要債的小混混，老實的父母也沒辦法，只好掏出了幾萬元，替兒子還債。

可是這個小混混食髓知味，常常來討債，朋友的家中真是愁雲慘霧。一次，她的兒子與小混混大打出手，兒子傷重住院，驚動了警察前來查問。才發現小混混早已是登記有案的安毒犯。而兒子真的沒有吸毒，事情才告一段落。

這位母親很希望兒子能考上技術學院，不要再重複以前的覆轍。特來找我為其解惑。

李小弟的命盤

官祿宮 紫微 七殺 陀羅 己巳	僕役宮 左輔 祿存 庚午	遷移宮 文昌 文曲化忌 擎羊 <身宮> 辛未	疾厄宮 右弼 天鉞 天空 壬申
田宅宮 天機 天梁化科 戊辰	陰男 水二局		財帛宮 廉貞 破軍 台輔 癸酉
福德宮 天相 天姚 陰煞 丁卯			子女宮 甲戌
父母宮 太陽 巨門 地劫 天馬 丙寅	命宮 武曲化祿 貪狼化權 鈴星 丁丑	兄弟宮 天同 太陰 火星 天魁 丙子	夫妻宮 天府 天刑 乙亥

流年轉運術

我們可以看到這個年青人的命盤是武貪坐命丑宮的人，而且是武曲化祿、貪狼化權，再加鈴星，是個『武貪』加『鈴貪』雙重爆發運的人。因對宮有擎羊、文曲化忌來沖對，故而不善言談、不喜說話，因為一說話便容易出錯有是非，故而少說為妙。

羊刃和化忌雖然沖到他的『武貪』、『鈴貪』格，一般在命理上，算是破格，但是可解。丑年流年、流月遇爆發運之月份前，必有是非、血光而後大發。

現在來談他的人際關係。他的擎羊、化忌剛好在遷移宮。在外面是非、血光多，外面的境遇較凶險，因此多喜歡待在家中。所幸羊刃居廟，為害不算太大。但仍要小心大運流年、流月、流日所形成的『廉破羊』格局，否則不妙。

酉年時，其流年的兄弟宮為『廉破』，其流年的朋友宮逢天相陷落及陰煞(犯小人)，這兩宮相照的星曜，促使他在酉年流年裡，與兄弟姐妹和朋友的關係不好。尤其是廉破這兩顆星，會讓人交上壞朋友而產生損耗。因此才發生了有人來要債討錢的事情。該年農曆九月逢羊刃、化忌，於是與小混混衝突而發生血光傷災住院。

你看！在紫微斗數命盤中，一字不差的應驗了這位小兄弟的『人災』事件！

這位母親煩惱的說，實在很擔心家中這唯一的獨子會變壞。

我告訴她說：『妳放心好了！這個兒子絕對不會變壞的！武貪坐命的，又有權祿同宮坐命，個性很固執，有他一定的道德標準，自視很高，不肯同流合污。個性吝嗇，對於惡徒讓父母花錢，被敲詐很不甘心，才與對方打架死拼。

武貪坐命的人，因為本身自知有暴發旺運的機會，會一步登天，固而自視很高，做事也很打拼，肯定是將來前途無量的人，事業、財產不能盡數，但也同時是會大起大落的人。卯、酉、未年就是起落大而又有是非、血光的年份。

並且在他的命格中，流年裡還是再三的會逢到這個廉破、陰煞的壞朋友運及人災的問題。經過前次的教訓後，父母要懂得與兒子溝通的方法。兒子會更加警惕交朋友的尺度，這未嘗也不算一件好事吧！

在事業方面所發生的『人災』

在事業方面，因人事關係而造成的不順、不進財、耗財、前途受阻的狀況，也稱之為『人災』。

在事業方面的人災狀況很多。有些是與合夥人有糾紛，而產生破財、敗財的情形。因此是與合夥人有關係的，我們就要以『僕役宮』、『兄弟宮』、『流年僕役宮』、『流年兄弟宮』與『流年命宮』為主，來觀看目前合夥的運氣。倘若在這些宮位中財星居陷，煞星多的，便知不妙。倘若煞星與吉星陷落的星曜和宮位中主星為吉星的數量差不多，是一半一半的。或者是吉星居旺的數量較多的，『人災』的問題都不會嚴重，甚至於會不發生了。

『觀看合夥關係』的吉凶

另外，我們要關心合夥人，是否會影響到共同所努力的事業問題，我們不但要關心合夥人命盤中的『事業宮』(宮祿宮）與『夫妻宮』。同時也要關心自已的事業宮與夫妻宮。並且『流年事業宮』與『流年夫妻宮』也一併要看，才能確實掌握彼此的合作關係。

我們都知道，『命、財、官』三合宮位中的星曜是影響人一生成敗的關鍵。而這三個宮位中的任何一個宮位的對宮，所形成的三合宮位『夫、遷、福』也同時是牽制此『命、財、官』的重要關卡。是故，在你要瞭解，你的合夥人最後會不會形成你的『人災』時，他的事業宮及流年事業宮固然會提供你：他是否合適成為你的合夥人？同時因為『夫妻宮』與『事業宮』是相照，直沖的一組星曜，夫妻宮位中煞星強悍時，同時也會傷及事業的進展旺盛。

用一般的道理來講，『家和萬事興』是最好的講法了，若夫妻的感情不佳。其人在事業上縱有再多的努力，總是起起伏伏，有眾多的坎坷困難是再所難免的了。

『薪水階級』的升官問題

做公務員或上班族的薪水階級，在事業上人事升遷方面看『人災』，不但要注意自己的事業宮與流年運氣，也要看『夫妻宮』與『流年夫妻宮』。更要看『本命中的父母宮』與『流年父母宮』。

單獨是事業宮好或流年運氣好的人，卻有夫妻宮不好或『流年夫妻宮』不好的人，其在人事升遷上的運氣也是要打折扣的。你很可能會因一時的感情衝動而壞了升遷的大事。

而單獨是事業宮好或流年運氣好的人，倘若本命中的父母宮不好，或是『流年父母宮』正逢弱運。那你會因沒有貴人緣，而得不到上司的喜愛看重。縱使機構中會讓你升遷，也會達不到你心目中的目標的，而讓你心中帳然若失！

因此若要計算、勘察在事業方面是否會發生『人災』問題，所要研究的宮位，包括本命盤的、活盤中流年、流月所屬的各類宮位，不下十幾、二十個宮位，都要一一計算清楚其中煞星，吉星的數量以及相沖、相剋、相照的狀況，才能確實判斷出是吉是凶？是禍是福了！

『老闆看用人』是否得當

生意人或老闆在觀察自己會不會因用人不當而產生『人災』時，當然首先也是要看自己命盤中的『僕役宮』與算出『流年僕役宮』，其次再看本命盤中的『命、財、官』與『流年命、財、官』。同樣要計算在這些宮位中有多少煞星和多少吉星？煞星與吉星的比例熟多熟少？是陷落還是廟旺？等到比例與旺度弄清楚了，才能訂出吉凶。『人災』會不會發生？自然會一清二楚了。

因夫妻不和或男女問題而引起的『人災』

在近來的社會案件中，有夫妻不和而引起家庭悲劇的，曾有一位警察因女友要分手，而殺女友再舉槍自盡的案件，層出不窮。不管這些殺人的或被殺的人，都是因感情問題而引起的『人災』。當然，在這『人災』事件中，主角雙方的命盤夫妻宮肯定是不好的了。否則也不會發生如此慘烈的事件。

在斗數中，夫妻宮是內在感情所凝聚的地方，也是屬於精神上身宮所屬的位置。從夫妻宮中我們可以很清楚的瞭解此人感情細膩的程度。

流年轉運術

例如夫妻宮是天同的人，情感是粗枝大葉、好好先生、好好小姐，不計較，也不強求的人。自己不會表達細膩黏蜜的情愛，別人對他太黏太蜜，他也會覺得肉麻。

夫妻宮是太陰的人，是最會表達濃情蜜意的人了。他們不但口才好，談情說愛有一套。並且也很要求別人以堅貞細膩的愛情回報自己。稍有不足，便會引起他們的挑剔和不悅。

夫妻宮是巨門的人，是常常弄不清裡外、親疏的人。他們常常對外人較好，**對自家人反倒是因為太熟悉而馬虎**、懶得去做一些培養情義的事情。因此家中窩裡反、家宅不寧是必然的問題。

夫妻宮有羊陀、火鈴、化忌、劫空的人，都常常是心有計較，而又不直接明說，在自己的心裡形成一堵高牆。有時候也會攻擊自己心愛的人。使人弄不清楚他們是愛還是不愛？常常也會因此而失去心愛的人。

或以此引起是非，陷自己於萬劫不復之地。

例如高雄市議員林滴娟小姐，夫妻宮就有太陽化忌，又為羊陀相夾，在流月行經此宮時，為男友騙去大陸而遇害。這也是因夫妻宮不吉而引起的『人災』最大受害者了。

其實所有的災禍都能預防！只是端看你信與不信罷了！

時間的問題，人人都能把握！只是端看你做與不做罷了！

從命盤中來看感情問題引起的『人災』。最凶的當然是夫妻宮有凶星，流年、流月運又逢『羊陀夾忌』的惡運運程。其次『羊陀夾忌』在事業宮，也會因對照反射的影響而產生『人災』，這都是須要留意的事。

另外夫妻宮不好，再遇流年、流月運程中有廉貞化忌、太陽化忌、巨門、火星、鈴星、擎羊同在一宮或相照的人，容易因感情問題被燒傷死亡。許多夫妻情侶吵架，引爆瓦斯，間接影響公共安全的人，其命格中就有這種與『火』有關的惡格局。因此在自己命盤中有這種格局的人，在流年、流月運行這些宮位時，特別要保持冷靜的頭腦，不要衝動，也不要刺激脾氣暴躁的配偶或情人，以防對方以同歸於盡的方法來傷害自己。

因子女問題而引起的『人災』

很多父母在教育子女的時候，都會遇到一些棘手的問題。例如小孩不聽話、打破損壞了別人的東西要賠錢，這些還算是小事。或者有些父母有不肖的子女，耗損家產。父母健在就爭奪家產的繼承權等等，甚至前些時候，有子女聯合外面的朋友，到家中一同殺害自己的親生父母，令人髮指。這些都算是因子女而起的人災。

因子女而起的人災問題，要預先發現，就可先算出流年中的第一個月(一月的所在之處)，然後逐月檢查其流年、流月的子女宮和田宅宮，先預知那一個流年或流月的子女宮或者田宅宮是逢煞星侵臨的。或是有『化忌、劫空、殺破、羊陀、火鈴、巨門』等星沖照的。『因財被劫』、『羊陀夾忌』也都是不好的格局。

倘若有煞星在流年、流月的子女宮或田宅宮同宮或沖照，則表示該年、該月與子女的關係欠佳，也可說是惡劣。而家宅也是不寧、多是非的。尤其是被子女所害、殺死的父母，其命盤中的子女宮、田宅宮這一組星曜中，必定有殺星、擎羊星、巨門星在內。

當然，我們也不能因某一對父母被自己子女其中的一個所害，就否定了其他子女，認為他們也是不孝的。因此我們在查看因子女而造成人災的狀況時，不但要看父母雙方的『子女宮』、『流年子女宮』。更要查看其每一個子女的『父母宮』以及『流年父母宮』。並還要看父母當年的流年運氣，才能確實的找出父母到底是因那一個小孩而遭受『人災』。

如此你就可小心謹慎，或做事前疏導或是加強自己的心理準備工作，在事發之後才不致慌亂，也可在事前即想出一套智慧的方法，讓其不要發生。或是如何把自己的金錢損失降到最低。預防勝於治療，溫和的疏導勝於責罵，將會更有效。

舉例說明：

多年前，一位南部鳳山地區的富家子，到歐洲觀光七天，就花掉台幣一仟萬元，沒買任何東西，只是沈溺酒色的高消費而已。令其母欲哭無淚。

平常這位仁兄即認為在家族中不受重視，本身又無能耐經營事業，母親健在又尚未分家，故而做出此事引起家人注意。倘若你有這樣的兒子，是不是也有椎心之痛呢？這個母親在『流年、流月』中一定是有破耗之星在子女宮和田宅宮相對的這組星群中的。若能及早預見，想法子疏通，也許就不必發生這樣的事情了。

因父母長輩所引起的『人災』

某些人在天生的命格中，父母運和長輩運就很差。他們對於和長輩、父母之間的相處也找不到適當的方法。因此常常動則得咎，也得不到父母、長輩的幫助，或者會有長輩愈幫愈忙的困境。

一般來說，父母運和長輩運不好的人，升官上所遇的貴人就較少，一切都要靠自己去努力打拼，在朋友中可幫忙自己的人，也以平輩為主。並且，父母運不佳的人，也要多注意身體的健康問題，病災、傷災再所難免。這主要是父母宮和疾厄宮是相對照的宮位。再清楚的說，父母宮不好的人，也容易有遺傳性的疾病、癌症，和容易開刀的事實。因此和父母、長輩保持優良的關係，不僅是為父母、家人著想，更是為自己的健康前途和努力來著想了。

前些時候，有一位十歲左右的小女孩，被母親夥同尼姑共同責罰致死，令人不禁要問：這個小女孩所犯的『因父母長輩所引起的人災』為何竟是如此的殘忍恐怖？這個小女孩的父母宮真是夠爛的了！而且必定有羊刃在父母宮，以致命絕於此！

在斗數中，許多養子、養女的命盤中，命宮或父母宮多為空宮。若是對宮相照的星曜為吉星居旺，他們尚有良好的際遇。若父母宮為空宮，相照的星曜為凶煞之星，不是流落在不美滿的家庭中，就是在孤兒院中長大。幼年時期非常困苦。

許多被父母推入火坑的女孩，以及幼年逃家的小孩也有不完美的父母宮，因此會得不到父母的疼愛與照顧，非常可憐。這也算是因父母、長輩所引起的『人災』之一。

容易引起因父母、長輩所造成的『人災』問題的命格是：本命中的父母宮有巨門、羊陀、火鈴等煞星的命格。另外，父母宮中有『七殺與擎羊』、『破軍與擎羊』、『化忌與擎羊』、『化忌與陀羅』、『火星或鈴星與擎羊』、『巨門與擎羊』、『廉貞與擎羊』時都是比較凶險的父母宮，會有因長輩或父母所引起的人災問題，必須要小心。

至於因父母、長輩所引起的人災問題，我只能教你用流年、流月的方法找出流年父母宮、流月父母宮看到有上述煞星時加以躲避。暫時離開，減少彼此的磨擦與互相傷害。無法教導你反抗的方法，因為這是『反噬』的行為，於理不合。

父母以及幼年生長的家庭，都是我們無法選擇的。有許多人在小時候有不愉快的童年，但是並不代表成長以後也依然是貧窮困苦的。很多人在進入二十歲左右成年時大運即轉好。因此幼年不幸福的人，更應珍惜把握良好的改運機會。**美國的柯林頓總統幼年隨母改嫁三次**，在不同的家庭中長大，最後還是唸了名校，當選了美國總統。台北市長陳水扁先生自稱幼年困苦，結婚時還是從垃圾堆上撿了一張破彈璜墊子來充當床舖。但是他能堅苦的環境中從台大法律系畢業，開啟人生另一個境界。所以說，幼年的困苦，並不是人生最大的阻礙，很多人都會碰到，而真正想往上爬的上進心，和衝破難關的企圖心，才是人生改運最大的原動力。

第七章　如何用流年法為車禍傷災、遭難殘疾轉運

車禍、身體遭傷、血光之災的問題都發生在一個特定的凶險時間的交會點上，若能避過這一個交會點，自然便能躲過一劫。

第一節　用流年法預防車禍及轉運

台灣是世界上車禍發生率極高的國家，已是不爭的事實。車禍的發生其原因有些是由於自身的不小心，有些則是飛來橫禍，或是遭到魚池

之殃等等的狀況。也有利用假車禍來詐財的。不管你是遇到那一種狀況，受傷流血、破財遭災、是非訴訟，都是讓人心情惡劣，在心理上和生理上受到雙重的傷害。某些重大的車禍，造成數條人命的損毀，更會影響到家庭的生計與幸福。

根據政府每年公佈的車禍數字，大約五、六千件，其實真正的車禍發生數據，應不止此數的五倍、十倍。影響到的家庭成員也應該在一、二十萬人之多。想想看！這是多麼可怕的一件事啊！因此我覺得有必要在此，以紫微命理這種『邏輯性、歸納性、概率性』的預知方式，給予讀者做必要性的提醒。

到底那些人容易發生車禍，有血光之災呢？

一、命宮中有四煞的人，如擎羊、陀羅、火星、鈴星的人，容易遇到車禍。

尤其是有擎羊、陀羅坐命宮的人，幼時即破相有災，手腳骨曾折斷等的傷害。**陀羅入命的人**，有牙齒受傷等的問題。一生中大、小受傷無數。

有火星、鈴星在命宮的人，如遭車禍，還會兼有被燒傷、燙傷的可能。

倘若擎羊、陀羅、火星、鈴星居陷位，再加上大限、流年、流月三重逢合，會有因車禍喪生的可能。此等以擎羊、陀羅三重逢合時最準。

二、命盤三合處有『廉殺羊』、『廉殺陀』格局的人，也容易發生車禍。

『廉殺羊』、『廉殺陀』的格局在古代命理中被解釋成：**路上埋屍、死於外道**。在現代仍是一樣，因車禍的發生頻率高，因此又多了一種危難的機率。這種格局也會應驗在飛機事故、車輛、海難等事故上，遇之非常的嚴重。尤其是在大限、流年、流月三重逢合之時，性命難保。因此凡有此命格的人皆要注意精算流年、流月，與以預防。

最好的方法是再算出流日、流時。並以『廉殺羊』、『廉殺陀』所在的宮位，斷定其發生的時刻。例如在丑、未宮對照，則為丑時(夜一時至三時)、未時(下午一時至三時)。在辰、戌宮對照的，則為辰時(早上七時至九時)、戌時(晚上七時至九時)。

在具有『廉殺羊』、『廉殺陀』格局的人當中，又以廉貞、七殺坐命的人，有羊陀同宮，和在對宮相照的人，遇到車禍最為凶厄，也最容易因車禍喪生。也就是說：**丁年、己年、癸年生的人有擎羊星在命宮或對宮**，形成『廉殺羊』格局。**而甲年、庚年生的人有陀羅星在命宮或對宮**，會形成『廉殺陀』格局，最要注意！

此外廉府坐命的人，因對宮是七殺，乙年、辛年生的人易形成『廉殺羊』格局。丙年生的人會形成『廉殺陀』加化忌的格局。戊年、壬年生的人，會形成『廉殺陀』格局。也是必須萬分小心才是！

再則，凡是具有『紫微在子』、『紫微在卯』、『紫微在午』、『紫微在酉』命盤格局的人，都是會發生嚴重車禍的族群，且有對生命形成戕害的可能。

流年轉運術

三、有『破軍星』居命宮的人，易破相受傷及發生車禍。更以『破軍陷落』時最為嚴重。

『破軍』本主爭戰與破耗。在我們現實生活裡，破軍坐命的人是很會為生活及工作打拚的人，但是一生中身體與金錢上的損耗也很多。

有一個朋友，是廉破坐命卯宮的人，破軍在卯宮陷落，其對宮的羊刃(擎羊星）也是陷落的。他每隔三、五年便發生一次重大的車禍。不是自己受傷住院，便是賠上一、兩百萬元的賠償金。破軍陷落的人一生財運也不太好，差不多賺得可買一間小房子的錢的時候，不是賠償給別人了，就是自己住院花掉了，於是到了四十歲依然未婚，住在父母的家裡，沒法子自立。

破軍坐命的人懷疑心重，不太接受別人的勸告。於是車禍的問題再而三的發生，還好目前的大運尚好，若走到弱運時，生命是堪慮的。

四、有『巨逢四殺』惡格局的人，也是車禍頻仍，或因車禍喪生的族群。

巨門星為暗曜，亦稱『隔角煞』在命盤中的三合地帶，或左右相夾，或四方照守有羊、陀、火、鈴等星時稱之『巨逢四煞』。**倘若巨門居陷(在辰、戌、丑、未宮)**，又有七殺、破軍二星在上述的方位同住。這車禍的問題將成為死局。

五、當流年、流月中有地劫、天空二星，而四方三合地帶有擎羊、陀羅照守時，都容易有車禍血光的發生。

流年、流月逢劫空運，即是『運裡逢空』及『運裡逢劫』已是不吉。再有羊陀照守，血光之災會因『劫空運』而有性命之憂。

流年轉運術

六、當流年、流月中為天機星陷落時(在丑、未、巳、亥宮)，再有擎羊、陀羅來會照的時候，也容易發生車禍血光。

流年、流月逢天機陷落時，運氣極差，並且有趨於惡運的變化。再有羊陀來會照，形成煞神肆虐的機運，血光之災在所難免。

七、當破軍星與文昌、文曲同宮於疾厄宮時，其人的身體很差，流年、流月行運疾厄宮時，也易因車禍受傷。

『破軍、文昌』及『破軍、文曲』。這兩個組合是主窮與主水厄的格局。無論在那一個宮位皆不吉，而帶有煞氣。在疾厄宮時，身體也是窮運破敗，沒法子健康起來的。流運再逢到它，因運窮而招煞有血光之災。

八、當流年、流月有化忌星時，最忌『羊陀夾忌』或有擎羊來會。小則車禍傷身流血，大則有生命之憂。

倘若化忌星照會的是陀羅星，倒不一定是本身車禍受傷。也有可能是撞及他人而引起訴訟官司。尤其是『巨門化忌』遇『陀羅星』在流年、流月逢合時最準。

九、每一個人，每年、每月中，行經『擎羊』這顆星所在宮位的流月、流日時，都應小心。『擎羊』為羊刃，易發生大、小血光，車禍也是原因之一。

因此觀看車禍發生的時日，主要也是以『擎羊星』所在的宮位為主。

十、有陰煞在命局中的遷移宮裡時，出外應小心開車、走路，會因精神無法集中而發生車禍。

通常車禍的發生，在紫微命盤中都是可以預見的。至於會不會喪命，則要看其大限與流年、流月是否三重逢到煞星及擎羊這顆關鍵的星，才能斷定的。

從命理的角度來看，水年(亥、子年)天災、人禍較多。**火年**(巳、午年)以人禍較多。**以車禍的頻率來看，**亥、子年都比其他的年份多，尤其以亥年(豬年)為最。主要是亥年有天狗、伏屍歲星，因此亥年時因交通事故死亡的人數也最多。子年則次之。

火年則是與火災相關的事故死亡的人數較多。以年命干支納音法來看這個定律，也會得到相同的解釋。

在一天中車禍的發生時間上，也以亥時為最多，也就是晚間九時至十一時的時刻。這也是天狗星與伏屍星作怪的時刻。這是一個概略的說法。通常在白天裡或其他時間所發生的車禍，則是以其人命盤中羊刃所在的時刻為主的。

倘若八字中水多的人，更是千萬要留心這個亥時、子時的時間，在有羊刃、化忌的流月裡，不要開車，或減少在晚間九時以後在街上閒蕩行走，以免遭遇車禍。

車禍的『轉運方法』

車禍的問題，首重預防。在命盤中有『擎羊』所在的宮位或成直沖、對沖的宮位，或流年、流月行經三合宮位上，都必須小心。因此我們必須精算流年、流月、流日，並在車禍容易發生特定的日子裡，流時也很重要，有『擎羊星』所在的宮位時辰，與相照的時辰，都要小心謹慎的避開，以求安全。

倘若車禍事件已經發生了，則更要留意下一次的車禍發生時間，因為宮位、星曜有對照的關係，**相隔六年或六個月都算是危險期。**而車禍事件可能發生的日子也可很容易的找出來，**那就是在擁有羊刃(擎羊星)的流月裡，以及羊刃對宮的流月裡的一日、七日、十三日、十九日、二**

十五日是最容易發生車禍的日子了。

至於發生車禍的時辰，在前面已經說過了，也就是說：倘若你的擎羊在子宮，子時、午時就是車禍最易發生的時候。倘若你的擎羊星在卯宮，卯時、酉時就是車禍最易發生的時刻了。

有人會問我說：擎羊星不會出現在寅、申、巳、亥四個宮位，難道寅時、申時、巳時、亥時就不會發生車禍了嗎？

這也不是這樣講的，寅時、申時、巳時、亥時，照樣有人會發生車禍！**例如下面所說：**

有下列兩個狀況的人，就很容易形成車禍格局：

一、在其人命盤中，寅、申、巳、亥四個宮位有七殺、破軍的人，而擎羊星又在三合宮，與七殺、破軍形成三合照守的人，在流年、流月、流日、流時，有其中三個條件逢到，即會形成車禍的血光之災。

二、在其人命盤中，寅、申、巳、亥四個宮位中有化忌星，前後兩個宮位中有擎羊、陀羅相夾，形成『羊陀夾忌』格局的人，也會有車禍血光。

倘若你的命盤中並沒有這兩個狀況，則你就屬於前述的例子，只要注意擎羊所在的時刻和相對照的時刻就可以了。

『犯金』問題會發生車禍傷身

車禍的問題屬『金』，會發生車禍的人多為『犯金』。八字裡木多的人，因為金木相剋的關係，容易犯金，有車禍。八字裡水多的人，尤其冬天生的人，水冷金硬，也容易『犯金』。這兩種人最需要小心！

發生車禍之後的轉運方法

發生車禍之後的轉運方法，當然是希望以後不再發生，以免受傷、受苦。

①因此注意流年、流月、流日的精算法，預先防範是第一要件的轉運法。

②其次我們可在容易發生車禍的時日裡，找尋旺運的朋友或家人陪伴我們一起外出或辦事。

③在車禍容易發生的時段內，少到自己忌神方位的地方去，並且身上要少掛金屬飾品，以防『犯金』而發生不測。

④要保持自己身體健康。有健康的身體，氣就會旺，運氣也會上升，縱然逢到血光之事，也能逢凶化吉，避災禍於無形。

第二節　用流年法防治傷災及轉運

身體易遭傷殘的命格

普通人身體有殘疾，分為先天性與後天性。

先天性的殘疾，即出生時即已有身體上的殘缺，或智能上的不足稱之。造成先天性殘疾的原因，多半是因為母體本身較弱，懷孕期又處在弱運的時刻。在命理學上認為凡是有先天性殘疾的人，在受胎時的時間上都是有煞星侵臨的時候所致。

紫微命理所行的是太陽曆的運程，胎中帶煞，與出生時的八字再相沖剋，人會有殘疾、夭折的可能。凡沖剋嚴重的會早夭。沖剋次之的會殘疾。因此往往夭折與殘疾之間僅僅一線之隔。僅看其沖剋會不會至死而已。

有些殘疾者，幼年困苦(因家中出現殘疾子女，父母壓力大)。稍長，運行旺地，有貴人相扶(如遇父母慈愛仁德)也能有所成就。這就是要看各人的造化了。

有一位患有先天性腦性麻痺的黃姓女孩，顏面手腳都不方便，由於其母親的耐心與慈愛照顧，她也到美國拿到了繪畫藝術的碩士學位，即是一個感人的例子，母親便是她的貴人。

因此，殘疾者在幼年時期都是經過困苦的歲月，少年時期所經歷的運程，不是父母宮，就是兄弟宮，家庭親人對殘疾者的生長過程，負有重大的意義(其實每一個人也都是如此)。父母、兄弟佳者，會得到很大的助力，成就也高。父母、兄弟緣份薄的人，孤苦無依的境況也較持久。

後天性的殘疾，多因時運不濟，運逢惡煞所致，這在命盤中也是預先可以看到推算出來的。

後天性殘疾的造成原因，有些是因為疾病(如糖尿病截肢、腦膜炎影響智力等等)，工作上的傷害，(如被機器或高壓電壓傷)、車禍的傷害(四肢受傷或成為植物人等等)。有些也會因為人為的恩怨，如被歹徒所傷或黑道尋仇砍殺等的原因。

不管是什麼原因，後天性的殘疾，也可從命盤行運中的活盤裡看得到，也可以用流年、流月算出來。這就非常神奇了吧！

其實一點也不奇怪，例如桃園劉邦友官邸命案裡，唯一幸存的當事人鄧文昌，腦部受傷，即是走的是『廉殺羊』的運程。前面說過，殘廢與夭折僅一線之隔，不死即殘，即為此證。

先天性的殘疾為『命弱』，為煞星沖剋所致。後天性的殘疾為『運弱』，再有三合四方處有煞星沖會，而造成。這是不一樣的命理結構。

命不好，運好，先天性殘疾者，也會有數十年的春天。命好，運不好，浪裡行船波折多。後天性的殘疾者再怨嘆，還是要過日子的。

先天性殘疾的命格

一、**廉相在子、午宮坐命的人**，有火、鈴沖破者，為殘疾之人。身上多長瘡瘤、潰爛、或腰足有傷。有羊陀沖照，則夭亡。

二、**廉殺在丑、未宮再加羊、陀、火、鈴同宮坐命的人**，不是夭折命，就是有手足傷殘的問題。

三、**廉貪居陷在亥宮坐命者**，再有羊陀或化忌同宮，亦主孤貧、殘疾之人。失明或無生育能力。

流年轉運術

四、太陰與四煞在卯同宮，因太陰為落陷。四煞為羊、陀、火、鈴，有先天性肢體殘障，且一生貧苦。

五、天相在卯、酉宮入命宮，為火星、鈴星、擎羊沖破者，主先天性殘疾。天相也為福星，在卯、酉宮為陷落。福星陷落，再被煞星沖剋，為面部及手足傷殘。

六、天相坐命在巳、亥宮的人，因其對宮有武曲、破軍，皆陷落為煞，再有火、鈴同沖破。亦主殘疾。手足及顏面傷殘。

七、天梁在巳、亥宮入命的人，遇陀羅、火星為破局。易傷殘、早夭。

八、天同、陀羅坐命宮在亥宮的人，肥胖目渺(眼睛為鬥雞眼或羊白眼，癸年生的人易得之)。

九、天同、巨門在辰、戌宮坐命的人，遇羊、陀同宮或相照，身體會遭傷、目渺、耳聾。

十、擎羊、陀羅、火星、鈴星四星同宮入命的人，腰駝背曲為羅鍋，殘疾之人。

十一、紫府同宮坐命於寅、申宮的人，倘若幼年家庭沒有缺陷，必定身體有缺傷。(頭部腦神經或兔唇)

十二、太陽坐命在亥、子宮的人，為落陷，再有羊、陀、火、鈴、化忌同宮，若福德宮再不吉者，為失明瞎眼之人。

十三、太陽坐命在戌宮再加會凶殺之星的人，為帶疾延年的人。再有化忌星同宮，也為失明之人。

十四、武破坐命的人，命宮中再有羊、陀同宮，亦是殘疾之人，手足傷殘。

十五、巨門、火星坐命的人臉上有大顆異痣或大塊胎記。再有化忌星，臉部傷殘。

後天性會傷殘的命格

一、**巨門在子、午宮坐命的人**，丙年、戊年、壬年生的人有羊刃在命宮，會中途夭折。若在三合處有多顆煞星湊殺，必遭火厄。重者夭亡，輕者為火灼傷。

二、**巨門在辰、戌宮入命者**，若與火鈴同宮。逢惡限為『巨逢四殺』，會夭折。在三合處，有煞星湊殺者，亦會遭火厄。嚴重者，因火災而夭亡。輕者為火灼傷。

三、**天相在丑宮入命的人**，有左輔、右弼同宮，再有羊、陀、火、鈴等星照會的人，有精神上的疾病。

四、**七殺坐命於五行絕地(丑宮)**，再會羊陀二星，幼年時即夭折。若居五行生鄉(申宮)會陀、火二星，則為屠宰之人。

五、七殺與擎羊、火星同宮，在流年上再遇白虎星，主刑戮災傷。

六、七殺星坐命在子、午旺宮，再遇羊陀、火鈴沖照主夭折或陣亡。七殺、左輔坐命，或七殺、右弼坐命，再遇羊陀、火鈴同宮或沖照者，會有精神上的疾病。七殺不畏煞星、化忌星，但三合宮位有廉貞化忌來沖照亦不喜歡，若疾厄宮再不吉，本身健康會有問題，成為帶疾延年的人。

七、火星居陷地坐命的人，若再有左輔、右弼等同宮、或再有天空、地劫者同宮者。三合、四方處再有擎羊、陀羅、鈴星、化忌來沖照的人，會成為精神病的患者。

八、破軍坐命在子、午宮的人。有羊陀、火鈴同宮或在對宮沖照的人，主孤單殘疾。或發富而夭亡。

九、破軍坐命在辰、戌宮，又與火星、鈴星同宮的人，是個勞碌奔波，官非爭鬥嚴重的人。若行運至羊刃、血光之地，兼有三度重合之際，會因爭鬥而傷殘。

十、廉貞、擎羊、左輔同入命宮者，會因作盜賊遭傷成殘。廉貞、擎羊、右弼同入命宮者，亦會因作盜賊遭傷成殘。

十一、武相坐命在寅、申宮的人，若被火星、鈴星沖破，有殘疾的可能。身體、面部遭傷成殘。

十二、武殺坐命在酉宮，有煞星加會，或有化忌星同宮的人，主有心臟的毛病、腦神經系統的毛病、精神病、面部傷殘等。

十三、同陰在子、午宮坐命的人，若與擎羊同宮，身體會遭傷，午宮尤甚。

十四、廉破坐命與羊陀同宮的人，主殘疾。廉破與火鈴同宮的人，主勞祿是非、狼心狗肺。在四方三合處兼遇四殺時，因官非爭鬥厲害而有血光、殘疾之事發生。

先天性殘疾的人，在命理上屬於『弱質』的成分，其母親在孕育的過程裡，也處於衰運的運程。但上天有好生之德，對於存活下來的生命，也定會給與哺育的養分，讓其存活。因此先天殘疾者，若逢父母親人情深義重的，也能改運，成為有用之人。但若父母、親人無德，便就相互拖累了。

十多年前，我曾為一位南部地區的鐵工廠老闆算命，當時他境況很差，經濟拮據。數月後生下一子。兩、三歲時至醫院檢查，斷定是智障兒。當時家中是一片憂戚。但是說的也奇怪，此子生下之後，鐵工廠的生意便有起色，一路昌旺。鐵工廠老闆的命格本身財運平平，也並沒有什麼暴發運。於是鐵工廠老闆將其三個兒子的命盤都拿來給我看。原來這個智障兒子的命盤格局裡有極強的偏財運，**這就是我在另二本書《如何算出你的偏財運》、《驚爆偏財運》**中提到偏財運也可影響到家人和家運的原理了。

可惜的是這位鐵工廠的老闆，在財富漸積之後，卻害怕別人知道他有這個智障兒子，而將其送往他處寄養，當此智障兒子離開後，幾年一次的偏財運也不再照顧他們家了，後來此鐵工廠的老闆生意失敗，也不知其後的事了。

並不是我要用這個故事，來誘導為人父母者來疼愛殘障子女。父母對子女的疼愛本來就應該是天性使然，不該有賢愚之分或功利主義的存在。上天要讓一個生命存活，必定有其原因，我們豈可違背天理而逆行呢？

社會上亦曾見有棄養子女，或施虐子女致死的父母，這種人的惡行，何止於殺燒擄掠的暴徒呢？這種毀滅人性的行為是必遭人神共憤！眾人唾棄的！

如何算出『發生傷殘事故』的時間

要查看自己會發生傷殘事故的時間問題，第一、首先要在前面的章節中找出自己是否是命裡已有傷殘玄機的人。**第二**、其次再看自己是否有『廉殺羊』、『廉殺陀』的惡格局或其他的惡局。**第三**、要看每一個宮位的四方三合地帶是否是有擎羊、陀羅、火星、鈴星、地劫、天空、化忌、七殺、破軍等數個煞星星曜多所聚集的地方。要一個宮位、一個宮位的來看，才不會漏掉。

會發生傷殘事故的宮位中，必有幾個特點：

一、**有流血、手足傷殘、斷骨、傷破者**，宮位中必有擎羊星。

二、**火災受傷的宮位中**，必有火星、鈴星。廉貞、紅鸞等色系為紅色的

流年轉運術

星曜。在火災中受傷流血、斷骨的也必有羊刃(擎羊星)。

三、受傷後，麻煩官司持續仍有的，宮位中同宮或相照的星座裡必有廉貞、陀羅、巨門、化忌、天刑等等。

四、因鐵器所傷的，宮位中有擎羊、七殺等星。

五、因跌破、摔破所受傷的，宮位中有破軍、擎羊星或陀羅。

六、在水中受傷的，宮位中會有太陰、破軍、文曲、擎羊等星。而太陰、破軍、文曲皆會居於陷位。

當你發現有這些不好的星組沖照某一個宮位時，例如是戌宮，有擎羊及其他煞星同宮，對宮或三合處形成『廉殺羊』的格局，再以流年、流月的推算方式，算出戌宮是今年的幾月份。在該月小心防範，只要努力也可躲過一劫。

身體易遭傷殘的『轉運』方法

前面已經說過，身體的傷殘，分成先天性與後天性。既是先天性的傷殘，已經造成，便無法改變已傷殘的事實，轉運的方法就要由兩方面來進行。一方面是由傷殘者本身來做。一方面是由父母、親人以及社會上的人士來共同出力來做。

身體有傷殘缺陷的人，本身即應體認到本身在出生的八字和命盤上定有缺陷和有傷剋之星相沖剋，因此才會形成身體有缺憾的本命。這屬於出生時在時間上的先決條件不好，因此要轉運便要修改後天的運程，使其順利、平和。

凡是活在世間的人類想要轉運、轉命，總不離兩大要件。**一、是要**

流年轉運術

掌握『時間性』的重要關鍵。二、是要徹底改造自己的思想，順應自然、平和的法則，以及擁有溫良奮發的性格，才能成功的。

首先我們要看如何掌握『時間性』的重要關鍵？

我們都知道，無論是誰，在其命盤中都會有比較好的時辰、日子、月份、年份。也會有差的時辰、日子、月份、年份。而其中好的、吉利的時辰、日子、月份、年份就是我們人生最重要的『關鍵時刻』。我們若能利用這些屬於吉祥、好的時間，來創造人生的財富與幸福，就會把我們的人生帶入不同的、優質的境界裡。倘若我們在這些好的、吉祥的時間內，什麼都沒做，也不想求上進及改變自己的生活。那人生的境況會愈變愈差，等到吉時、吉日、吉月、吉年一過，再逢到差的運氣時，想再努力，已時不我予了。**這些有關『時間性』的重要關鍵問題，我在『如何掌握旺運過一生』一書中有很清楚明確的解說**，讀者可以參考利用。這也可以幫助你利用自己的資源來改變一生，便生活愈過愈好。

第二個要轉運、改命的應注重的問題就是要改造自己的思想和性格：為什麼這麼說呢？難道說，身體有缺陷了，也要怪我們的思想和性格也不好了嗎？

話不是這麼說的！先把你的命盤打開看一下！你看！無論是先天性傷殘或後天性傷殘的人，常常在『命、財、官』、疾厄宮、福德宮、遷移宮都會有煞星沖剋的。煞星聚集得多時，不但影響大運、小限、流月的運氣，使其不順。人活在不順利的環境中，思想也是會封閉、固執，無法開闊的看待發生在自己周圍的事物。以至於把自己困在一個運氣不通、旺運無法交流的狹小空間之內。形成作繭自縛的困境，這是自己不給自己機會的明顯例子。

流年轉運術

我常說：生氣的人、性格暴躁的人、思想偏頗怪僻的人，都是運氣不好，正在走弱運和壞運的人。也常會因生氣、暴躁、思想偏激把事情愈弄愈糟，有時候甚至一發不可收拾。而人運氣好的時候，就會往好的方面去想，會往容易圓滿解決事情的方面去想，也會站在對方的立場，設身處地的為別人和自己多想一點。在這樣的狀況下，凡事都會產生機會、產生善緣，自己的運氣還會不被改善的嗎？運氣改善增旺了，命程豈不是也產生變化變好了呢？所以說，凡是要轉運、改命的，總是要先從自身改起。自身有了良好的條件後，再配合外在的人緣、機會，凡事沒有不成功的了！

時間決定命運

投資煉金術

第三節　用流年法為『命硬』之人轉運

在命理學中所謂『殺氣重』的人，不但是指命理結構硬實、命宮中有煞星存在。而且其人在性格上也比較固執、粗暴，也可以說是帶有凶悍特性的命格了。

通常『殺氣重』命格的人，都不利六親，對家人親屬有剋害，並且直沖直系血親。但是『殺氣重』的人，有時候也會因後天的造化而變化，在性格上改變，把戾氣化為創造不同的人生。但在六親緣份上依然緣薄而得不到補救。並且其人本身也會因『殺氣重』而身體的傷災、血光、常開刀、生病住院，形成一種因『殺氣重』而刑剋自己的狀況。

所以我們可以瞭解到，擁有『殺氣重』命格的人，不是刑剋別人，就是刑剋自己。

刑剋別人的形式有兩種。一種是直接危害別人，做匪類、強盜、偷竊、以及一切不法的行為，去傷剋別人，或者是與別人常起衝突，做利益相爭奪的事。

另一種是和自己的父母、夫妻、子女、親屬無緣，造成離別之苦，或者是和親屬之間彼此衝突不斷、是非頻起、相互傷害。

刑剋自己的方面，則多病痛、開刀、血光、傷災不斷、精神鬱悶、不愉快、運氣難以開展等方面為主。

具有『殺氣重』的人，命強、命硬，當然不一定全然會成為匪類。相對的，反而因為命格中具有這種剛強堅硬的特質，某些人會把這種性格發揮到對事業上的堅持，而成就一番大事業。而這些人會在其人命宮裡主掌的星曜也是居廟旺之位的星曜。而命宮中若是居陷居煞的星曜，其強硬的命理結構便無去使其走向正途，反而是侵略他人、剋害他人的惡質影響人物了。因此在實際的人生裡，『殺氣重』的人會向兩種不同的路途去延伸開來。一條是往奮發向善趨吉的事業上發展。一條是走向黑暗的、凶暴的、黑道作惡式的路途發展了。

現在讓我們來看一下，所謂『殺氣重』的人，那些人是趨吉的，那些人是趨惡的：

『七殺坐命』的人

七殺星獨坐命宮時，不論是在子、午、寅、申、辰、戌宮都是居旺廟之地。七殺坐命者的通性是眼大性急、個性倔降、有威嚴，使人望而生畏。做事速戰速決、好動不好靜。少年時坎坷、身體也不好、外傷多。一生辛苦勞碌，但吃苦耐勞、堅忍不拔，通常在事業上都會有成就。七殺的人好爭，當仁不讓的硬派作風，也讓人懼怕。

七殺在子、午宮坐命的人，對宮是武曲、天府，在外的物質資源非常好，賺錢容易，但是也造成『因財被劫』的關係，人很小氣吝嗇。倘若七殺與羊刃(擎羊)同宮坐命的人，肯定是個陰險凶惡的惡徒，靠掠奪、侵佔財物過活。若是再為壬年生的人，有武曲化忌時，肯定是賺黑心錢了。

七殺在寅、申宮坐命的人，對宮是紫微、天府，外在的環境優渥順利。但是已年寅時生的人，和辛年丑時生的人，有『羊陀夾忌』的惡局，流年、流月遇到，恐有不測。這兩個命局的人，官祿宮與朋友宮都不好，雖然他們有偏財運，會不走正道，很可能他們在爆發財運之後，就要面臨災禍的考驗了。

七殺在辰、戌宮坐命的人，對宮是廉貞、天府。雖然他們有些小氣，但在外面很會交際。乙年、辛年生的人，很容易形成『廉殺羊』的惡局。丙年、戊年、壬年生的人，形成『廉殺陀』的格局，大運流年、流月三重逢合，有惡死和死於外道的危險。再加上這些年份出生，又是七殺坐命的人，命宮裡有羊陀同宮或相照，本性陰狠、交際手腕又好，多是大哥級的人物，因此惡死的成份也升高了。

『紫殺坐命』的人

紫殺坐命的人，要比七殺獨坐命宮的人，長相要氣派得多，也比較得到人的尊敬，人際關係也較好，這是因為紫微帝座同臨命宮的關係。

紫殺坐命的人不畏煞星來沖剋，倘若在四方三合處有地劫、天空及化權星來照會，可做寺廟的住持。**請看星雲法師的命盤，即為此證。**

由命盤中，我們也可很清楚的看到，他在『命、財、官』以及還移宮中共有七個煞星之多，在三合、對宮之位照守命宮。而地劫、天空兩星又在財帛宮及官祿宮遙遙相對。財帛宮中之『武貪格』暴發運所暴發來的錢財，也不是自己的錢財，而是屬於寺廟的錢財。而財帛宮中地劫星與福德宮相照之擎羊星相互交錯影響，這個暴發運是時而爆發，時而不發的型態。

星雲法師 的命盤

命宮 紫微 七殺 右弼 陀羅 天馬 6—15 乙巳	父母宮 祿存 文曲 天姚 丙午	福德宮 擎羊 丁未	田宅宮 文昌 台輔 戊申
兄弟宮 天機 天梁 封誥 陰煞 16—25 甲辰	陰男 火六局		官祿宮 廉貞 破軍 天空 左輔 天鉞 86—95 己酉
夫妻宮 天相 26—35 癸卯			僕役宮 76—85 庚戌
子女宮 太陽 巨門化忌 天刑 36—45 壬寅	財帛宮 武曲 貪狼 地劫 46—55 癸丑	疾厄宮 天同化權 太陰化祿 鈴星 56—65 壬子	遷移宮 天府 火星 天魁 66—75 辛亥

官祿宮中是廉破與天空，左輔與天鉞等星的共守，形成星雲法師奇特的事業型態。有人輔助，職位清高。沒有官職與厚祿，但卻能應用人緣關係，共襄盛舉的形式，將眾人的力量齊集到佛陀的前面來。

在中國命理中，為僧為道，遁入空門之人，通常都屬有刑剋和『殺氣重』的人。遁入空門後，和六親絕緣，這也是沖剋的情形之一。身體的病痛、傷災、開刀手術則為一般最常見的自我刑剋情形了。而在星雲法師的一生命程中也並不少見。

流年轉運術

『武殺坐命』的人

武殺坐命的人，雖然對宮是天府祿庫，但是武曲、天府雙財星被殺星所剋，還是『因財被劫』的格局，賺錢辛苦，留不住財，個性吝嗇，而且他的財帛宮居於廉貪陷落的宮位，當然想好也好不起來。但是武殺坐命的人非常想賺錢，倘若再有羊陀、火鈴、化忌星沖照命宮，其人也會是心狠手辣、陰險狠毒的犯案者。巳、亥年弱運時，也會鋃鐺入獄。

武殺坐命的人，有很多都看來外表溫和、大圓臉、眼睛眸子很大的人，但臉上的皮膚很粗糙，或有傷痕、小顆粒狀的粗質皮膚。

一般的『武殺坐命』者，只有在利害衝突時，會引爆脾氣，奮力一搏。平常別人不惹他並不會引起爭鬥。通常『殺氣重』的影響，只會造成自我刑剋，有病災、傷災、開刀等狀況。

以前中共的領導鄧小平先生是『武殺和擎羊星』坐命在卯宮的人，在他矮小的身材下，竟有如此的耐力，幾起幾落而至領導者的高位，也將中國大陸的人民帶至經濟復甦的境地。這是『殺氣重』給人帶來奮鬥意志的高層次吉運格局。

另外，在黃義交緋聞事件中的周玉蔻小姐，也是武殺坐命的人，命格中若有桃花及煞星的糾纏，是非緋聞在所難免。因此奉勸命犯桃花的人士們，千萬不可招惹武殺坐命的人，他們會因為本身『殺氣重』、固執的心態，會用與石俱焚的手段來對付負心的人。最後想要挽回也是不可能的事了。

『廉殺坐命』的人

廉殺坐命的人，是個性頑固，做任何事情很能堅持到底。倘若有羊陀火鈴四星俱全的來照會，其人較惡質、凶狠。且有橫死之虞。因為有羊陀照會與同宮，即形成『廉殺羊』、『廉殺陀』的惡局了。

通常一般廉殺坐命的人，看起來也好像是好好先生與好好小姐，好像是表面溫柔、內心固執的人。廉殺坐命者的『殺氣重』通常都會隱藏在身體裡面。也就是在身體上容易產生病痛或傷災，情況時好時壞，而他們已經很習慣了這種狀況，並不以為意。

另外，廉殺坐命者的『殺氣重』更呈現在精神方面，形成很會胡思亂想，頻頻製造自己擔心的事情，使自己在精神上不得安閒，這也是一種自我刑剋的狀況。

廉殺坐命的人，在形成『廉殺羊』、『廉殺陀』的惡格局時，這種因『殺氣重』而產生的影響達到極至。其人在心態上也會詭異多端，而讓人不容易瞭解。

因此，廉殺坐命的人，除了惡質命格會傷害到他人，普通的時候都是以自刑(自我刑剋)的情況多。

『廉破坐命』的人

廉破坐命的人，很能吃苦耐勞。平常陰沉少話，但一開口較狂妄。為人很衝動，容易和人起爭執。

廉破加火星、鈴星、擎羊、陀羅坐命的人，會有想不開的念頭。若與人結仇、很衝動的想與人同歸於盡，是個很可怕的人。廉破坐命的人，也很容易入黑道，或擺流氓的架勢。有劫空同宮，入廟為僧可得教化。

廉破坐命的人，因『廉貞、破軍』俱為煞星，而又居於平陷之位，故而『殺氣重』。

一般廉破坐命的人，都擁有和常人不太相同的看待事物的角度和方法。並不拘於原始的道德規範之中。他們做事敢說、敢做、敢擔當，十分擁有英雄氣概。這種『殺氣重』的陽剛之氣也很能吸引一些人對其有好感。

廉破坐命者，普通在三合四方宮位中煞星照會少的人，他的『殺氣重』的特色只反應在自身的性格沉悶、愛多想、身體有病痛、傷災、血光之災等，屬於自我刑剋的層次。

廉破坐命者，倘若『夫、遷、福』等宮位桃花星多，則易惹桃花糾紛，『殺氣重』與桃花的糾結，很容易產生外來的沖剋，對其本身也形成不利的現象。

此外，廉破坐命的人，也會因『殺氣重』，再加上『武貪格』的影響，創造人生中大起大落的事業境界。因此『殺氣重』對一般的廉破坐命者反而是有利的現象。只有對惡質不走正途的人，會有殺傷力、重傷、惡死、暴斃等不吉的後果。

『廉貪坐命』的人

廉貪坐命的人，本來就是個易犯官非、喜邪門歪道、沒主見又意見多的人。有陀羅、火鈴、化忌星同宮或照會時，更會犯下淫禍，是一個極端惡質的敗類、惡棍。也會因追求酒色財氣而喪生。

廉貪坐命的人，因『廉貞、貪狼』兩顆星俱陷落的關係而帶有殺氣。廉貞本屬煞星，貪狼也是強勢之星。兩星在陷落之位時，『殺氣重』是必然的了。

廉貪坐命的人，原本的外緣就不好，倘若能平心靜氣的待在自己的小圈圈的環境中，還不會有太大的問題。但是廉貪坐命的人，命坐四馬宮，很難不向外發展，也很難會停留在家中。因此，廉貪坐命者的『殺氣重』就會向外發展了。

廉貪坐命的人最容易的就是惹上桃花問題和是非重重的問題。因此他們的『殺氣重』常會帶給別人痛苦與麻煩。

『破軍坐命』的人

破軍坐命的人，其個性是讓人難以捉摸的，反覆不定、私心重、疑心也重、報復心也重，很會記恨。為人幹勁十足，敢愛敢恨，說話很衝，容易得罪人。

破軍坐命的人，一生的轉變多、喜創業。破軍居旺時，事業較有表現，但一生的運程變化較多。前考試院長許水德先生乃是破軍坐命的人。

破軍陷落坐命時，會有破相或痲臉的狀況、形體瘦高。而且個性奸滑、凶暴、六親不認。

破軍星是爭戰的星，喜爭強鬥狠，因此是不論旺弱在命宮坐命時，四方三合地帶，再有羊陀、火鈴、七殺星來沖照，定會爭戰殺伐，以惡勢力為業。

破軍坐命的人，是真煞星坐命的人，陷落時尤凶。他們的『殺氣重』，其實在很多事物上都可看得出來，並且分為兩方面。

一種是造成自刑的方面，臉上、頭部的傷疤、破相、斜肩、痲臉、牙齒的破落不整齊。以及身體多傷災、開刀。性格上多疑心、仇恨所引起的精神不穩定的狀況。都是屬於自刑的部份。

另一種則是因『殺氣重』而造成奮鬥力強，喜爭戰捕獵、爭強鬥狠，對六親的沖剋和對敵人的沖剋等等。因此破軍坐命的人，適合利用『殺氣重』的先天優利條件做征戰沙場、克服敵人的戰士，也適合做開疆拓土的業務員，可將『殺氣重』轉化為有用的利器，增高自己的事業成就。

『武破坐命』的人

武破坐命的人，因財星武曲逢破，一生財運不佳，也算是個『因財被劫』的人。個性上兼而有之武曲的剛直衝動，與破軍多疑善妬、奸滑凶暴的個性。在命宮的四方三合地帶多會羊陀、火鈴等星，為人惡質。會有喜歡打麻將賭博，為天生的投機份子，因此即使是從事黑道的人，也

流年轉運術

多混跡賭場，或靠女人吃飯為業。

一般武破坐命的人，逢煞不多的話，也會有溫和怯懦的性格。這和逢煞多的人，好堵、好鬥有天壤之別。

性格溫和的武破坐命者，『殺氣重』只影響了他自身方面的自我刑剋的問題。例如身體不好、有傷災、性格悶悶的，不願向他人吐露，凡事只在自己的心裡自苦。性格固執、想不開等等。

性格凶暴的武破坐命者，則是在命宮多處有煞星沖照相剋的結果，其『殺氣重』不但會影響到自己，同時也向外發展，沖剋別人，形成凶神惡煞，侵害別人。並且也會遲早成為監獄的座上客。

『擎羊坐命』的人

擎羊坐命的人，外型非常好認，臉呈『羊』字形。有傷殘或破相，陷落的人，多麻臉渺目，身材矮小猥瑣。

擎羊坐命的人，個性剛暴奸滑，是非多。容易從事殺氣重、是非多的行業。倘若是龍年、狗年、牛年、羊年生的人，再坐命於辰、戌、丑、未宮的人為入廟，如四方三合處來會的煞星少，則人會有成就，可做外科醫生，或執行法律的執行者、屠宰業、或與刀、與血有關的行業等。

擎羊星落陷於坐命時，則是雞鳴狗盜之士了。如再有火星、鈴星來會照沖剋，惡性更是重大，殺人不眨眼。於一九九七年四月三十日捕獲殺死舞女而分屍的楊金合，羊字臉、瘦小猥瑣、狠毒，即是此命造。又如一九九六年劫持麥當勞運鈔車、兼守自盜的嫌犯，亦是此命造。

因此我們知道擎羊坐命者，不論旺弱，都有奸滑好爭鬥、霸道、不講理、愛計較的個性。是真正『殺氣重』的人。

擎羊坐命者的『殺氣重』也可分為『自刑』和『外刑』兩方面來講。每一個擎羊坐命者也都兼而有之這兩種刑剋特色。

首先談『自刑』方面。擎羊坐命者，本身很愛反覆的擔心和思考，用腦過度。有時幾乎近於精神質與偏執狂，使自己常陷於懷疑別人，防範別人、想制裁別人、報復別人的痛苦深淵之中。這是屬於精神上的自刑，常造成頭痛的痛苦。在身體上會造成傷災、開刀、血光之事很多。頭臉破相、手足受傷是常有的事。頭痛也是自刑的一部份。

在『外刑』方面，擎羊坐命的人，太愛計較，在六親的緣份中都會產生刑剋不利，關係也會淡薄。

另外，擎羊坐命的人，若是命宮居旺的人，尚可利用『殺氣重』堅持、奮鬥、努力以及剛硬不講情面的優點，在事業上努力，一飛衝天，做外科動手術的醫生、法官、驗屍官等決斷的行業。**命宮居陷的人**，可做喪葬業、墓地建造、看守、入殮化妝師等的職業。由此我們可以看出，命宮的旺弱在運用『殺氣重』的特質上有陰陽兩種不同的特殊型態。**命宮居旺的人**，較具有陽剛決斷的力量，『殺氣重』會幫助他們進入較剛強，或與血光奮鬥的場合。**而命宮居陷的人**，『殺氣重』都會讓他們多與陰間、陰氣重的地方打交道。至於雞鳴狗盜之士，所做的也是暗昧之事，是故『殺氣重』也將他們帶往陰暗的角落。

『陀羅坐命』的人

陀羅坐命的人，一生也是是非、凶厄多。個性陰狠、固執、記恨心強，精神上有長期的折磨、痛苦，很難為人瞭解。

單星坐命的人，一生波折大，心境不能平衡。有化忌、火鈴、殺破、劫空等星沖照時，也是雞鳴狗盜之士。

再有貪狼及多顆桃花星照守命宮時，會成為強暴犯，專幹傷天害理的事情，這也是我們不喜歡見到的命格。

陀羅坐命的人也屬於『殺氣重』的人。一般在命理學上，對陀羅坐命者扭曲的思想，常覺不可思議，一般人都覺得他們很笨，為什麼會想法扭曲事實，而且一直鑽牛角尖，而事實上，這就是一種『自我刑剋』

的結果。傷災、牙齒斷缺、血光也是自刑的問題。

陀羅坐命者的『殺氣重』，同時也會製造『外刑』，向外侵犯。他們對自家人的不信任，也是沖剋六親的直接寫照。同時，陀羅坐命者的『殺氣重』也會形成陰陽兩種型態。陀羅坐命者，陽性的『殺氣重』可展現在事業上，從事與金屬、血光有關的行業，例如在醫院中從事處理外科的廢物，做傷科包紮、跌打損傷師父、屠宰業、電子業等等。陀羅陷落坐命的人，多為駝背傴僂之人，也會因『殺氣重』在陰地工作，做喪葬、墓地、血光災禍的處理之事。至於無正業而不行正道的人，『殺氣重』也會將他們領進是非困頓的陰暗角落。

『火星坐命』的人

火星坐命的人，多毛髮有異相，會發紅。個性激烈、易怒。爭強鬥狠、急躁不安。居陷時，也是有麻煩、傷殘、外虛內狠情況。

火星坐命的人，必須照會貪狼，或與貪狼同宮。暴發運可解其人的狠毒。否則也是一生勞碌，多在下層社會裡打混過日子或做打家劫舍的勾當。

火星加左輔、右弼入命宮的人，多精神不正常，有精神上的疾病，有妄想症。這是『左輔、右弼』輔助了火星坐命者怪異行徑的特殊表現。

火星屬煞星。火星坐命的人會表現『殺氣重』的特色。多展現在火爆的脾氣上，和快速的動作上。但這種氣勢卻常常是突如其來，又突然停止了。

火星坐命人的『殺氣重』也分為『自刑』部份與『外刑』部份。『自刑』的部份，就是他們會在性格上很衝動，而臉上容易長青春痘、皮膚病、麻臉、雀斑多、有破相、傷災、體內火旺等等的疾病，也容易有火傷、燙傷、血光之災的情形。性格上的衝動也往往使他們易怒、好爭鬥、多製造了傷災的機會。

火星加左輔或火星加右弼的人，有妄想症與精神問題也是『自刑』所產生的重要狀況之一。

火星坐命者的『外刑』部份，直接沖剋六親、親屬緣份的淡薄與不順利，有時也是因『自刑』中的個性所引起的。

火星坐命的人，有貪狼照會，形成『火貪格』，則『殺氣重』的情形會被引導至『暴發運』的方面。其本身『自刑』的問題可以減輕，『外刑』問題也會得到改善。因為他們會轉向關注自己的暴發運，而不再計較和別人的爭鬥問題了。因此說貪狼這顆好運星可解其毒就是這個道理了。

『鈴星坐命』的人

鈴星坐命的人，心胸狹窄、智慧高，比火星坐命者陰險，也是個性激烈的人。倘若沒有會『貪狼』而橫發，也會走向凶煞之途。倘若『橫發格』裡之『貪狼』又逢『化忌』，則會因作惡事而爆發財運，成為江洋大盜。這也不是善良百姓所樂於見到的命格。

鈴星坐命者的『殺氣重』，比火星坐命者更甚。『自刑』與『外刑』的情況更嚴重。『自刑』的狀況包括了性格上陰沉鬱悶，用腦過度會頭痛，臉上多青春痘、長瘤、有疤痕、皮膚粗糙惡質、體內火旺等疾病。有火傷、燙傷、血光多等情形。精神上耗弱、報復、仇恨等心理的作怪，讓其心緒不寧。

『外刑』則是容易結仇、好爭鬥、佔有，與人直接產生是非，或做惡攫取財富，為宵小盜竊之輩。

鈴星坐命的人，也是在對宮有貪狼星照會時，會因自身有暴發運，而會轉向正途發展。

因此我們可以看到當有好運來的時候，惡人也不想再做惡了，走正道，受人尊敬，靠自己的努力創造美好的人生，畢竟也是所有人的心願啊！

『地劫坐命』的人

地劫是屬於時系星，地劫、天空雙星坐命時最凶，倘若又是坐命於巳、亥宮，再遇對宮是廉貪來照會的人，性格頑劣，喜邪僻之事。個性喜怒無常、是非多、又吝嗇，在四方三合地帶沖照的煞星多的人，會因惡貫滿盈而夭亡。

地劫坐命的人的『殺氣重』，主要是其人所擁有的萬事萬物，都容易因外來的力量劫財劫走。我們常可看到貧窮的人，殺氣很重，也就是這個道理了。

命書上說：『地劫坐命者，一生如浪裡行船。』起起伏伏，驚濤駭浪，主要是因為沒有好的機會、好的運程所至。倘若在命宮三合『命、財、官』以及遷移宮再多煞星沖照的人，機會更是渺茫，因此他們轉向向外用不當的方式取財。這也是『外刑』問題之所以產生的原因。

地劫坐命者，自我刑剋的問題也很嚴重，性格善變、反覆無常、多想不實際的東西、內心糾纏、好逸惡勞，有時想奮發但不耐久、是非多、錢財不順利、心情很難平和、疑心病又重。因此『自刑』的問題也是他們終身很難逃脫的枷鎖。

從上述中可以得知，凡『殺氣重』的人，再有四方三合地帶來照會的煞星多者，為禍最烈，會成為社會的敗類，人類的剋星。但這些剋星絕大多數是命程與運程不好的，當他們走弱運時，也會作奸犯科犯下大案子，最後的結局，不是蹲苦窯，就是惡死以了結。

但是『殺氣重』若能得到好的引導或是從事宗教行業也可以成為奮發向上、至高無上的成功之士。就像星雲法師或是形成『火貪格』、『鈴貪格』等有暴發運的人，在暴發運來臨時，也都能有成功的際遇。**因此『殺氣重』並不是全然不好的**，但是壞起來可是影響深遠，禍及蒼生的了。

第四節　用流年法為易受辱、遭強暴之人轉運

這幾年來強暴案件日益增多，據報紙上所載，每年有一萬件以上的強暴案，每日有三十件以上婦女遭受強暴的案件，這是多麼可怕的一個數據啊！再沒幾年，台灣豈不淪陷在強暴犯的手裡了嗎？

社會上，司法界對於強暴案件的不重視，無非是覺得強暴案只是小

案件罷了。而且司法執法審判的警察及官員又都是男性，於是大事化小、小事化無。若沒死人，便也不了了之。

遭受強暴的女性，有些因為名譽的關係，或害怕再次受到報復，而隱忍不敢舉報，因此實際的強暴案件，可能更數倍於報載的數據。

現在我所討論的『婦女易遭強暴傷害的命格』，是要提醒妳，妳若有下列的狀況，千萬要小心，算出流年、流月，在該段時間中加以預防。而不是讓妳自怨自艾，覺得是命中註定的事情而放任它的發生。

近年有許多幾歲大的小女孩，也遭受到強暴犯的魔爪戕害，這種傷天害理的變態獸行，社會公義與司法機關都不應輕易放過此類傷害幼苗的強暴犯。

在我們觀察許多社會案件時，常會發現有許多受到侵害的小女孩，事實上都沒有受到父母、親人的良好照顧與保護，事實上有些施暴人竟是自己的父母或親人。在事發之後再來怨懟，為時已晚，也造成小女孩的終身遺憾。因此我要說的是：子女無論男女，其幼小心靈及身體的安全，是父母必然的責任，是絲毫不可輕忽的。是故，為人父母的人，也應細心觀察自己子女的命盤，找出其運弱、運衰的時間，加強保護自己的子女，自然會減少遺憾的發生了。

在紫微命理中，會遭強暴傷害的人，實際上都是擁有『桃花煞』與『桃花忌』以及『咸池陽刃』等的桃花加煞星的惡格局。

這些屬於桃花的惡格局，很容易使人陷入遭到異性侵害的惡運裡。到底是甚麼樣的惡格局會讓人落入萬劫不復的深淵裡呢？

請看下列命理中桃花惡格局的分析：

易遭強暴的命理格局

一、**通常命宮為空宮的人**，命理都不強，較容易受到煞星的侵臨，若命宮對宮相照的星曜又居陷落的位置時，此人一生的命程和運程都不太順利。在走到煞星多的運程時，在運程中又多有桃花煞星(沐浴、咸池)的沖會，會發生遭受強暴的事情。

例如：命宮中有左輔星或右弼星(此為命宮為空宮的人，因左輔、右弼皆不是主星)的人，從小為他人帶大，倘若父母宮不吉者，更屬於命弱的人。**在流年宮位裡出現天姚、羊刃、沐浴、咸池、火星、鈴星、陀羅、臨官等三個以上時**，在該流年、流月逢之會遭遇到強暴的事情。

二、**大限、流年、流月重逢到『羊陀夾忌』的格局**，再有天姚、沐浴、紅鸞、咸池、天喜、臨官、廉貞、貪狼、七殺等條花星與殺星交相照會與同宮時，桃花劫煞嚴重，可能因強暴致死。

三、女命有天相、文昌、文曲、天姚同宮的人，本身是邪桃花的命格，長相美麗、淫亂，容易遭遇強暴。(此人多從事風塵行業)

四、女命『太陰陷落』時，又有昌曲、紅鸞、天姚、沐浴、咸池等桃花星來會照、同宮，再走七殺、破軍運時，會遭遇強暴的事情。

五、女命為『破軍、文昌』、『破軍、文曲』皆陷落的人，再有桃花煞星同宮或相照者，易於遭受強暴的問題。

六、女命為『武破』居巳、亥宮為陷落的人，再有桃花敗星和忌星又和沐浴、咸池等及天姚、紅鸞、羊陀、火鈴等同宮或相照者，為『桃花劫』，易遭強暴。

七、女命為『廉貪』居巳、亥陷落的人，再有桃花多顆如文曲、天姚、紅鸞、沐浴、咸池、臨官同宮或沖照者，易遭強暴。再有羊陀、火鈴、化忌、劫空等星同臨照會者，因桃花劫殺而致死的事件很容易發生。

八、大限、流年、流月走到有『廉殺羊』、『廉殺陀』格局時，再有天姚、紅鸞、沐浴、咸池、貪狼、文曲等桃花星多來照會或同宮，也會遭遇桃花劫煞的問題，易遭強暴、且有性命之憂。

九、八字裡形成『桃花煞』的命格時，也會遭到強暴的命運，其格局形式如左。

命理格局有『桃花煞』的格局格式

①寅年（屬虎）、午年（屬馬）、戌年（屬狗）生的人，其八字上年柱的干支納音屬火時，再遇八字的月柱、日柱、時柱有『卯』字時（就是卯月、

卯日、卯時的人)，為有『桃花煞』。

例如：丙寅年納音為爐中火，戊午年納音為天上火，甲戌年納音為山頭火等等。

也就是說：丙寅、戊午、甲戌年生的人，又生在卯年、卯月、卯日、卯時的人有『桃花煞』。(只要逢到一個『卯字』即是)。

②巳年(蛇年)、酉年(雞年)、丑年(牛年)生的人，其年干支納音屬金時，其八字的月柱、日柱、時柱上見『午字』(即是有午月、午日、午時的人)為有『桃花煞』。

納音干支屬金的年份有：辛巳年納音為白蠟金，癸酉年納音為劍鋒金、乙丑年納音為海中金等等。

也就是說：辛巳年、癸酉年、乙丑年生的人，而又生在午月、午日、午時的人，只要逢到一個『午』字，即是有『桃花煞』。

③**申年(猴年)、子年(鼠年)、辰年(龍年)生的人**，其年干支納音屬水時，再遇八字月柱、日柱、時柱上有『酉』字(即為有酉月、酉日、酉時的人)，為有桃花煞。

納音干支屬水的年份有：如甲申年納音為井泉水，丙子年納音為澗下水，壬辰年納音為長流水等等。

也就是說：甲申年、丙子年、壬辰年生的人，而又生在酉月、酉日、酉時生的人，只要逢到一個『酉』字，即是有『桃花煞』了。

④**亥年(豬年)、卯年(兔年)、未年(羊年)生的人**，其年干支納音屬木時，再遇八字中之月柱、日柱、時柱上有『子』字。(即為有子月、子日、子時的人)為有桃花煞。

納音干支屬木的年份有：如己亥年納音為平地木，辛卯年納音為松柏木，癸未年納音為楊柳木等等。

也就是說：己亥年、辛卯年、癸未年生的人，而又生在子月、子日、子時的人，只要逢到一個『子』字，即是有『桃花煞』了。

本命中有『桃花煞』的人，長相都比較美麗多情，容易受到外界的引誘。性格上比較猶豫不決，喜歡聽別人的諂媚之詞。在人緣關係上雖然會因桃花的作用，有受人喜愛的條件，但是也比較容易遭到色情暴力的侵犯，**若是能小心防範，算出易出事的流年、流月來，在這段時間內，儘量減少外出，商請家人陪伴外出，**不要給歹徒可趁之機，也可以躲過一劫。

桃花煞中的『咸池陽刃』

在『桃花煞』中，『咸池陽刃』是更凶惡的格局了，受害者多半會因強暴致死，這是不幸擁有此格局的人，不得不更加注意的事。

『咸池陽刃』即為『咸池煞帶陽刃』的總稱。

『咸池星』為桃花星，又稱『敗神』，又稱『桃花煞』中之『咸池煞』。命宮中有咸池星的人，如坐旺宮都是聰明乖巧，美麗多才，術藝奇精的優秀份子。

咸池若加羊刃(陽刃)，稱之為『咸池陽刃』，會因色情暴力的事件被害致死。女孩子要防，男孩子也要防範才好。

咸池星所在的宮位

星曜＼生年	子	丑	寅	卯	辰	巳	午	未	申	酉	戌	亥
咸池	酉	午	卯	子	酉	午	卯	子	酉	午	卯	子

陽刃星所在的宮位

星曜＼生年	甲	乙	丙	丁	戊	己	庚	辛	壬	癸
陽刃（羊刃）	卯	寅	午	巳	午	巳	酉	申	子	亥

※生年陽干以帝旺為刃，在子、午、卯、酉。忌白日出生之人。

※生年陰干以寅、申、巳、亥為刃。忌夜間出生之人。

前面詳述了許多『桃花劫煞』的格局形式，我的本意是讓你或你的家人在瞭解後，懂得防範的重要性。並不是讓你以為自己或子女、家人擁有了這種命格，就認命了，以為自己或家人就是擁有這種命，而自暴自棄。**防範的問題非常重要！**有了好的防範，很多不吉的事情便不會發生了，這也就是真正能為自己或家人轉運的方法。

『同性戀』的命理格局

目前社會的形態變化得很惡質，不但女性、女童會受到性侵害。因為同性戀的猖獗和很多父母本身惡劣的行徑，現在就連男性的青少年、男童也會遭受到性侵害的惡劣對待。因此，防範性侵是不論男性、女性，都是非常重要的一環。有關男性青少年、男童的易遭性侵害的看法，也與前述相同，要注意命格中的桃花煞問題，才不至於遭到變態人士的戕害。

在我命相生涯中觀察到：會發生同性戀傾向的男女，命宮中都必會有『太陰』或『破軍』這兩顆星存在。

命宮中有『太陰星』的人，易有同性戀傾向

命宮中有太陰星坐命的人有：太陰坐命者、機陰坐命者、日月坐命者、同陰坐命者。通常這類人士都是扮演柔弱的女性角色。這其中以日月坐命者，會因命宮中有太陽的關係，較少會發生同性戀的問題。另外像某些人夫妻宮中有太陰星的人，也會有成為同性戀的可能，機率少一點罷了！

命宮中有『破軍星』的人，易有同性戀傾向

命宮中有破軍星的人，尤其是命坐子宮的人，佔有同性戀中的比率很大。命宮中若再有紅鸞、沐浴、天姚、咸池、臨官等星，或命格中帶有桃花煞、桃花劫的人，很容易成為同性戀者。他們無論男女常居剛強的男性角色。有時也會有性別錯亂的情形。

其他像紫破、廉破、武破坐命的人，也會因命格中有桃花煞、桃花劫而形成同性戀或者因為好奇而徘迴在同性戀或異性戀之間。

命宮中有『巨門星』的人，易有同性戀傾向

巨門坐命者，尤其是巨門陷落，再有桃花劫煞時，也會走入同性戀

的玻璃圈內。

命宮中有『羊、陀、火、鈴、地劫』的人，易有同性戀傾向

此外，命宮中有『羊、陀、火、鈴、地劫』坐命的人，會因偏好邪妄之事，而接近玻璃圈。

由此，我們可以瞭解到『桃花劫』、『桃花煞』，不但會帶給人災禍，也會讓人走入不正常的生活之中。事實上，若父母在子女幼年時代便可從命盤中發現此等現象，便可以加以糾正引導，不要等長大後才發現，為時已晚。

目前，全世界的人皆談愛滋病而色變。而真正要防範的事情，必須從小做起，每一個父母都肩負著極大的責任。現在，台灣的社會對同性戀者很寬容，有時某些政治人物更傾向同性戀團體諂媚，表示苟同，製造社會開放的假象，以至於讓這種世紀黑死病迅速的擴張，這實在是非常不智的行為。宗教界認為同性戀的問題就是人類即將滅種的徵兆。因此每一個關心自己子女的人，是不應該忽視這個問題的。

遭受性侵害的『轉運法』

一、立即搬家、出國、改變環境。

二、接受心理治療和心理輔導。

三、培養受害者特殊才藝和興趣，使其忘卻傷痛。

四、鼓勵受害者重新開拓人際關係，過正常生活。

第五節　用流年法為易遭盜匪侵害的人轉運

目前台灣社會治安日益敗壞，殘暴的匪徒殺人如宰割豬雞一般，毫無畏懼。雖然台灣的宗教觀有報應和輪迴之說，也無法教化這些凶惡的暴徒。因此我們每日從報紙、電視，各種媒體上得知許多的犯罪案件。每日的殺燒擄掠，綁架勒索，繼而殺人棄屍，從來沒有間斷過，有時一日更有數十件之多。而且暴徒的凶惡變態，狠毒無以復加，令人髮指。在這麼一個人人自危的時日裡，又處在這麼一個不安全的地方，許多人紛紛舉家移民出走。

流年轉運術

倘若你是一個不想移民，或是因某種狀況無法移民的人，要怎樣在這為難的年月裡，在這危險的土地上生存呢？你一定很迫切的想知道，自己會不會那麼倒霉，成為匪徒砧板上的刀下俎呢？

其實想知道自己的前途如何？有沒有危險？並不難！紫微命理提供了這方面的資訊。現在將會遭歹徒侵害的命理格式試述於後。倘若你沒有這類格式，表示你很安全，以後也不會碰到這類的事件。倘若不幸，你擁有這類格式，則務必要算出流年、流月出來，在該年、該月運行逢到時，好與以防範，儘量躲避盜匪的侵害，做好預防措施，才可保百年身。

一般來說，會遭盜匪侵害者的命格都不強。命理上因為賊強我弱，因此被劫殺，或者因煞多無制，形成對本命的戕害。

舉例：

『命宮為空宮』的人易遭盜匪侵害

一、**命宮為空宮的人**。通常命宮為空宮(無主星)的人，命格都不強。若對宮及三合、四合處再有煞星多重來會，當大運、流年、流月三重走到弱運時，會遭遇盜匪的侵害。

二、**如命宮中無甲級主星，卻有左輔或右弼星獨坐命宮的人**，幼年多為他人養大，與親生父母的緣份較薄，再遇煞星(羊陀、火鈴、殺破、劫空、化忌等)來沖，或在三合、四方處沖照，必有災殃，在流年、流月不利時，就會受到盜匪的侵害了。

三、**又如命宮中無主星，卻有天魁星或天鉞星獨坐命宮的人**，命也不算強，他們的長相秀麗、個性溫和。若對宮有煞星沖照，或在三合、四方處有煞星照守的人，也得小心防範弱運時的安全問題。

四、再如命宮中無主星，卻有天空或地劫獨坐命宮的人，因為天空、地劫二星皆為上天空亡，入人之命宮為劫殺之神，凡事多所破耗、不利，有『命裡逢空』、『命裡逢劫』之稱，故也容易被匪徒侵害，須要小心。

『命宮主星陷落又化忌』的人易遭盜匪侵害

通常命宮主星陷落時已為不吉，主星再遇化忌星，一生多是非糾纏不清，必有災禍降臨。

一、如巨門陷落化忌坐命宮的人，一生是非纏身、頭腦不清、易聽信小人之言，無法做正確的判斷。災禍也總是纏繞著他。因此他們也很容易遭災，受到傷害。

流年轉運術

也許你會覺得奇怪，為什麼我在這裡『會遭盜匪侵害』的部份談到了巨門化忌的人，在『殺氣重』的單元談到暴徒命理時又提到巨門化忌坐命的人。為什麼他們既是受害者又是施暴者呢？

主要是因為巨門星本來就是主是非爭鬥與口才，思想上又反覆、是非黑白沒有明顯的界限。有化忌時，是非爭鬥的問題變得嚴重。而且巨門化忌坐命的人多步走正道。容易認同判經離道的事情。

當巨門主星落陷時，再有化忌，頭腦不清，隨波逐流。多因招惹是非而受災，再有煞星侵臨，即會成為被害人或惡徒。

而巨門居旺宮，再有化忌星同宮者，巨門不畏化忌，愈亂愈好。命理較強，再有煞星照臨，助紂為虐，成為惡人，也容易變成施暴者之故。

巨門化忌再遇『羊陀夾忌』的格局，定是死於非命的格局。

二、如天機化忌坐命宮的人，天機若居陷地，再有空劫同宮，亦再有『羊陀夾忌』的格局，如藝人湛蓉命造者，亦會因盜賊的侵入而死於非命。

三、如廉貪陷落加化忌入命宮的人。因廉貞、貪狼同宮，必在巳、亥宮，雙星俱陷落，已為不吉。不管是廉貞化忌亦或是貪狼化忌，都是多重災害，此人一生貧賤，若四方、三合地帶的煞星多，必為匪徒，也容易死於非命。若是有地劫、天空同宮或相照，或有『羊陀夾忌』的格局，也就會成為受害者。此狀況與巨門化忌者同。

四、如命盤中有太陽化忌的人，再有『羊陀夾忌』的格局，在流年、流月、流時逢到，也易遭歹徒的侵害(後面有陳小弟弟的例子)。

五、如命盤中有太陰陷落化忌的人，再有『羊陀夾忌』的格局，在流年、流月、流時三重逢合，也要小心歹徒的侵害。

『命宮帶咸池陽刃』的人易遭盜匪侵害

命宮中帶『咸池陽刃』的人，也是易受歹徒侵害的對象。不論男女，**如甲戌年生的人**，見八字中，月柱、日柱、時柱上有『卯』字。**或是庚申年生的人，亦或是庚辰年生的人**，見八字中，月柱、日柱、時柱上有『酉』字，稱為『咸池陽刃』。

有『咸池陽刃』的人多美貌、聰明好學、身體較弱，易受歹徒覬覦。有『咸池陽刃』的人最忌見水。因此在行運時，不論是大運、流年、流月，逢到癸酉，或是亥、子水的流年、流月都要小心，以防碰到歹徒傷害的災禍。藝人白冰冰的女兒，白曉燕撕票案即為庚申年生的人，不但八字四柱有『酉』字，流月又逢『酉』月，所形成的『咸池陽刃』。

命盤裡有『廉殺羊』、『廉殺陀』格局的人易遭盜匪侵害

整個命盤裡有形成『廉殺羊』、『廉殺陀』格局的人，要小心歹徒的侵害，被歹徒所傷。

讀者也許會奇怪，『廉殺羊』、『廉殺陀』的格局不是屬於『死於外道，路上埋屍』的格局嗎？為什麼又會出現在這裡呢？

一點也不奇怪！某些擄人勒贖的案件，暴徒定是將人擄去他處犯案，傷害人的性命，因此『廉殺羊』、『廉殺陀』也在此易遭歹徒侵害類別裡。**舉例說明：**

例①：陳小弟弟於一九八四年甲子年出生，是廉貞化祿、天相坐命的人，命宮中尚有天空星。為『命裡逢空』，雖權祿照守也無救。

陳小弟弟 的命盤

兄弟宮 巨門 文昌 己巳	命宮 廉貞化祿 天相 天空 5－14 庚午	父母宮 天梁 火星 天鉞 辛未	福德宮 七殺 壬申
夫妻宮 貪狼 地劫 <身宮> 戊辰	己巳 己亥 乙亥 甲子	陽男	田宅宮 天同 文曲 癸酉
子女宮 太陰 擎羊 鈴星 丁卯	土五局		官祿宮 武曲化科 甲戌
財帛宮 紫微 天府 祿存 丙寅	疾厄宮 天機 陀羅 天魁 丁丑	遷移宮 破軍化權 丙子	僕役宮 太陽化忌 己亥

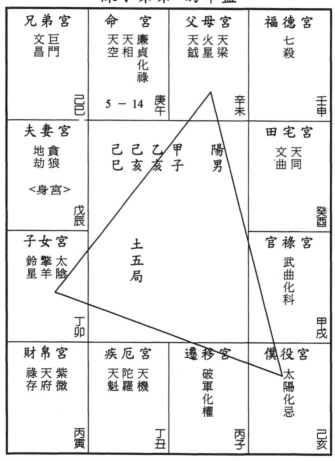

其財帛宮為紫微、天府、祿存。疾厄宮是天機陷落、陀羅星。由此可見是個財多身弱的人。本身又有『武貪格』的暴發運。命不能說不好了。**可是在亥年運行太陽居陷化忌**，三合處又有太陰陷落、擎羊、鈴星、火星來沖照。不但有化忌星又遇煞。流年福德宮又為天機陷落加陀羅，福不全。**亥年遇歹人殺害，才十二歲**。

例②：電視演員湛蓉的命格中有三種惡格局。首先她的命宮中之坐星有天機化忌、祿存、天空、地劫等星，是為『羊陀夾忌』與『半空折翅』兩種格局的合局。再則在十五歲至二十四歲的大運是『廉殺陀』的凶惡運程。三重逢煞，都是死局。故在一九九三年五月遇劫難，是在家中遭歹徒強暴勒斃，時年二十四歲，沒能進入下一個運程。

湛蓉 的命盤

命宮	父母宮	福德宮	田宅宮
天機化忌 祿存 天空 地劫 天馬 <身宮> 1－14 丁巳	紫微 天刑 擎羊 戊午	天鉞 紅鸞 己未	破軍 火星 陰煞 庚申
兄弟宮 七殺 文昌 鈴星 陀羅 15－24 丙辰	陽女		**官祿宮** 咸池 辛酉
夫妻宮 太陽 天梁 乙卯	土五局		**僕役宮** 廉貞 天府 文曲 天姚 壬戌
子女宮 武曲 天相 甲寅	**財帛宮** 天同 巨門 左輔 右弼化科 天魁 乙丑	**疾厄宮** 貪狼化祿 丙子	**遷移宮** 太陰化權 癸亥

例③：高雄是議員林滴娟是以流年、流月逢太陽化忌，又為『羊陀相夾』在寅年遇害。**星相家陳靖怡是以在暴發運後的流月逢太陽化忌**，為『羊陀相夾』被男友殺死。因此太陽即使在旺宮，但仍有『羊陀夾忌』格局時，依然要小心避過那個流年、流月才行，以防不測！

遭受盜匪侵害的『轉運法』

在命理學中，紫微斗數對於掌握吉運時間和災難時間都非常的準確。每一個人只要從命盤上找到吉運或惡運的格局，再算出流年、流月、流日，甚至於流時的時間，就可以在那一個特定日子，因吉運而發運，或躲避過災難。而躲避盜匪侵害的方法，更是如此，只要躲過那一天、那一時，也就萬世太平了。

很多人往往以『不信邪』的想法來否定命理學說的準確性，而無法做到提高防範災禍的警覺性，以至於在災禍來臨時，束手就擒，無法躲過一劫。家人、朋友再來唏噓不已，為時已晚。

因此，每個人要即早發現命盤上的惡格局，找出羊刃(擎羊)星所在的宮位，查看流年、流月、流日、流時所逢到之確切時間，常常提醒自己或家人的注意，這就是在為自己或家人、親朋在轉運了。而真正的轉運方法一切都要靠自己，自己本身無視於災禍的危險性，災禍真要發生，連神仙也就不了你了！

第八章　用流年法為『水厄、火厄』轉運

人之命格中有特殊的『火因子』、『水因子』時，會形成特殊的火災與水災的災禍，若再夾雜著殺星之惡格，會因此而喪生。這種『火因子』、『水因子』是可以很輕易的事先發現的。

第一節　用流年法為火災、燒燙傷問題轉運

近幾年來連續發生許多重大的火災，例如許多餐廳、KTV、大飯店，都曾陸續遭到火神的侵噬！戊寅年亥月，一群小學生到溪頭參加畢

業旅行，住小木屋而發生火災，死亡人數達到三人。而一般的民宅也總在過舊曆年前是火災頻繁的時刻，在台灣的人無不談『火』色變。

火災這麼多，一方面是歹徒、青少年惡意縱火，另一方則是人為疏忽而致。像是電線走火之類。天乾物燥而起火的發生率倒是極小的。此外，我們可以發現到地理位置也是影響火災發生率的原因之一。就以台北市周圍來說，台北市的北部、北區部份較少發生火災。而東區、靠近南區中和一帶較常發生火災。桃園屬火，火災問題也多。戊寅年所發生的嚴重火災，多半在桃園、彰化、高雄一帶，因此事業團體在考量設廠時，尤其要注意易發生火災的先天命格的地理位置，以免招災。

從命理學的角度來看火災的發生，歸納起來有幾個原因：

『房屋坐向』的問題與火災的發生

房屋坐向的問題。這也是俗稱風水問題。例如房屋的坐向是二黑土方（東南方），星號巨門，為先天的火數。主是非麻煩，再逢到九紫、五黃的年份，或是戊、己年都容易發生火災，且多招是非。**又如九紫火星所在的方位（南方）、五行屬火**，性最燥熱，有福的人，遇之立刻發福，無福之人有大禍。而且房屋坐向是九紫火星方位的，遇五黃之年或遇戊、己年，亦主火災。

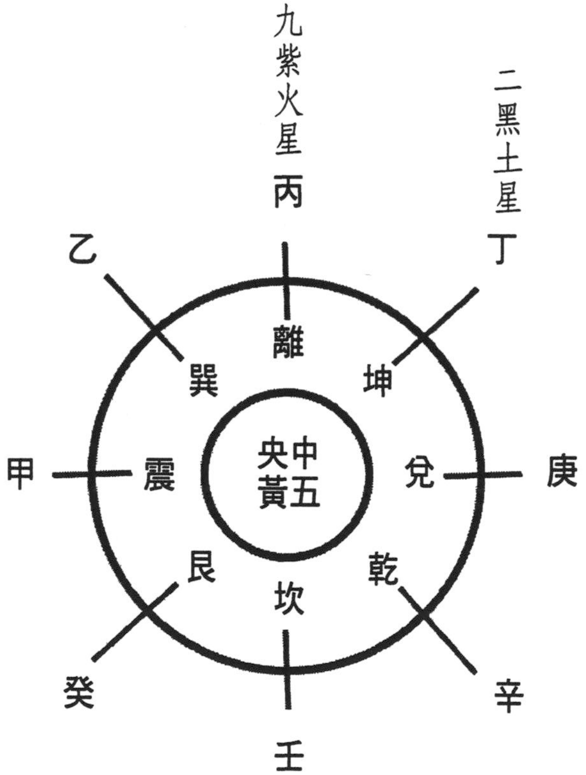

這裡我們所談的有福之人，即是八字缺火的人，或是用神為木火之人。而無福之人則是命中八字火旺之人，切記不可住巨門、火星的房

子，否則必生火災。

例如圓山飯店之火災即為屋向與年命犯五黃煞之關係而形成的。台北衡陽路有一家店面，曾多次發生火災，沒幾年就一次，火災發生之頻率堪稱奇談。原先是布行，幾經換手，也開過麥當勞漢堡店，但終敵不過火神。多次改建，依然火燒，像這種喜蒙火神眷顧的店面，也是屋向坐於廉貞火龍之位。年命逢火，和屋主火命，都是有眾大的關係。通常火命的房子也容易興旺、生意好。

但是火神的眷顧，仍是會有傷亡和損失不貲的麻煩。

『年命』的問題與火災的發生

年命的問題。通常我們可以發現一個共通點。就是在納音屬火的年份裡，火災最旺。

例如：甲戌年、乙亥年為山頭火年。

丙申年、乙酉年為山下火年。

戊午年、己未年為天上火年。

戊子年、己丑年為霹靂火年。

丙寅年、丁卯年為爐中火年。

甲辰年、乙巳年為覆燈火年。

不但是納音屬火的年份有問題。亥年的歲星裡更有天狗、伏屍、血刃等惡星。因此當大家寄望亥年為一個『水為財』的金豬年的時候，是否已暫且忘卻了這些為害頗烈的災煞星了呢？

因此我們可以回顧一九九五年歲次乙亥年的種種不幸，不但有對岸的恐嚇，身處木火之鄉的台灣，災火連連，死傷無數了。也因此讓台中市長林柏榕下台，成為另一個火災的受害者。一九九八年戊寅年雖然納音不屬火。但是五行屬火土之年，此年內火災的災禍也很多。主要是犯五黃煞，許多災禍都是以『人為縱火』為主的火災。

『人的本命』的問題與火災的發生

人的本命問題。根據筆者多年相命的調查統計，約莫有四分之一的人，命格中具有火災的命格，而有些人是火災、水災都具有的命格。

具有火災的命格如下：

一、命宮、身宮中有火星的人，特別又是火六局的人，容易發生火災。

二、命盤中有太陽、紅鸞、化忌、羊陀、火鈴同宮或相照會的人，容易有火災，且有傷亡之憂。流年、流月逢到會遇到。

三、命盤中有火星、紅鸞、化忌、羊陀、火鈴同宮或照會的人，流年、流月、流日碰到有火災。

四、火星、廉貞、紅鸞、化忌等星在田宅宮、子女宮相照的人，家中容易起火。

五、命盤中有廉貞化忌，再遇紅鸞、羊陀、火鈴有火災。若再遇天馬，遇火災更嚴重，且是在外面遇火災受傷或死亡。

六、命盤宮位裡，有天刑、火星、紅鸞、化忌同宮的人，流年、流月、流日遇之會燙傷、燒傷或遇大火災。

七、有巨門、火星、大耗等星在命宮或田宅宮時，容易有火災。加化忌、羊陀更準，會因火喪命。

八、巨門在辰戌宮入命宮的人，若與火、鈴同宮，逢惡限為『巨逢四殺』。主死於外道。若是三合處湊殺，則遭火厄。

九、在八字中，寅、午、戌年生的人，或是戊、己年生的人，再運逢寅、午、戌年也要小心火災、燙傷的問題。

職業、類別五行屬『火』的問題

實際上在火災問題中，有很多人是在工作的場合中遭受到火災、燒傷、嗆傷、燙傷或是因觸電遭傷的災害。在本命屬『火』，或是本命『火』多，又具有『廉殺羊』、『羊陀夾忌』等惡格時，其禍尤烈，會因工作場所中發生火災而喪生，受傷的部份會高達身體的部位百分之八、九十以上。

倘若只是單純的具有太陽、廉貞、巨門、火星、鈴星、紅鸞、天刑、地劫、天空等三個星以上，不加擎羊、陀羅者，只會遇火厄而不一定會致死。有擎羊、陀羅同宮的才會斃命。因此凡本命中有『火厄』格局的人，若再從事與『屬火性』的職業時，是更需要小心的。

屬火的職業有：

發熱性質的工作：熱飲食品、食品業、餐廳、廚房、鍋爐工人、油類業、酒類業、高熱性、液體發熱、易燃燒性的職業。

火爆性質的工作：炮燭廠、香舖、照明、燈飾店、放光、放熱、銲接、鐵工廠、機械加工廠、汽車修理廠等。

電子類的工作：電線、發電廠、電纜類、水電行、水電工程、電子加工廠、科學園區、電腦、電訊業務、印刷廠等。

工藝類的工作：手工藝品店、加工廠、修理廠、工人、加工區、百貨行、衣帽廠、化妝品業、裝飾品業、雕刻工廠及工作、美容業界、理髮院等。

其他屬火的工作：軍職類、警職類、電影院、歌舞團體、心理學家、評論家、演說家、金融分析家、電視、電影工作者、藝術家、舞蹈家、口技表演者。

由上述的分析顯示，雖然具有火災命格的人，只佔有四分之一的人數機率。但是屋向與年運也是關鍵之一，倘若你的運程，流年、流月不好，逢有羊陀、火鈴、化忌、劫空、巨門、殺破的運程，在弱運的日子裡，你也會鬼使神差的去到易發生火災的現場而遇難。因此學習流年、流月的算法，在有火厄的流月中儘量避免到上述易發生火災的方位或場所去，自然可保你的平安。認真學習，自然可防範於未然了。

第二節　用流年法為水厄問題轉運

在命理學中會遇水而亡，或因水患產生災變財產損失、房屋損害的，基本上和玩水溺斃、投水自盡，發生船難事件而遇害，或被人殺害棄之水中的人，都有共通的『水厄』的命理格局。

因此在林肯大郡遇颱風而致房屋坍塌，或因颱風造成土石流而製造的災害裡，基本上都脫不了『水厄』的問題。

命格中有『水厄』的人，在流年、流月中逢到時，很容易會走到與水有關的災禍現場去。例如喜歡游泳的人，特別在『水厄』的流月中喜愛游泳。喜歡釣魚的人也同樣會在該時段喜愛在海邊留連忘返。

現在我把易發生『水厄』狀況的一些特殊命理格式分析出來給大家參考，以便能掌握這些『水厄』的命理特定時間，好做預防。在『水厄』的時段取消接近『水邊』的旅遊，自然可解除災難。

易發生『水厄』狀況的特殊命理格式

一、**水厄的主要命格**，若會傷及性命的，主要還是有『廉殺羊』、『廉殺陀』、『羊陀夾忌』等惡格局。再與『水厄的基本形態』：『破軍、文昌』、『破軍、文曲』聯合組織而成。

倘若命盤中有破軍、文昌、文曲等星，三合、四方之處再形成『廉殺羊』、『廉殺陀』、『羊陀夾忌』等沖照而成的格局，流年、流月碰到會因水厄而死。

二、**倘若命盤裡有『廉破及火星』居陷地相互照守或同宮的人**，流年、流月逢到，會自縊投河。(這是以水自殺的一種方式，命格中有水厄的人較會選擇。)

三、倘若辰、戌二宮中有鈴星、文昌、陀羅、破軍相互照會。而辛年、壬年、己年生的人，大小限運逢此辰、戌二宮者，會遭水厄。

四、若命盤中，某一個宮位有太陰、巨門、擎羊同聚一宮的人，流年、流月運逢此宮，有水厄。或因想不開投水自盡。

五、生辰八字裡有『咸池煞』的人，最忌見水，有水厄：

申、子、辰年生的人，逢流年、流月為癸酉。

生在亥、子年，而命格屬水的人，也忌見癸酉。

申、子、辰、亥年生的人，逢干支納音屬水的年份，例如丙子、丁丑、壬辰、癸巳等等。會有水厄禍災，不得不防。

我曾經在別本書中闡述一個觀念，那就是在一個場所，當命格中有『火因子』的人，和運逢惡煞的人，聚集在一起很多時，會發生嚴重的火災。也許火災現場裡也有根本沒有火厄命格的人，當他碰上火災時，只是倒霉罷了。但是有火厄命格和煞運的人，在火場中受傷會較嚴重，是不爭的事實。而沒有火厄命格和煞運的人，會很輕易的逃離火場而無事。

在發生水厄船難時，也是一樣的。一同去游水的幾個人，或同在一艘船上的人，都成了生命共同體。當其中的幾個人或一些具有水厄命格和煞運的人多的時候，慘遭滅頂和覆船的機會無限增加，以致災禍發生。**因此精算流年、流月運程**，是最佳防備火災、水災的方法了。

《欲精算流年、流月運程者，請參考法雲居士所著
『如何推算大運、流年、流月上下冊』》

第九章　『出奇致勝』的神祕小秘方

增進『偏財運』的小秘方

借『日月精華』之氣來增運

一、在偏財運時間將到來的前十五日，拿一個水晶球或者是三個古銅錢，選一個有太陽光的陽日(日干支的上一個字為甲、丙、戊、庚、壬的日子。例如甲辰日或丙午日等)，在中午午時的時候，把水晶球或銅錢放在日光下曝曬一個時辰(從上午11時至下午1時)

二、**再選一個圓月的夜晚子時(晚上11時至凌晨1時)的時候**，把水晶球或銅錢放在月光下吸取月光精華一個時辰(兩小時)。並虔心向上蒼祈禱，賜你最強的偏財運或暴發運。心誠則靈。

三、**把水晶球或三個古銅錢隨時帶在身上**，一直要到偏財運時間過了以後才可拿下，會有意想不到的旺運結果。

※下次再祈求祝禱時，必須重複前面的手續。

增進『正財運』的小秘方

一、**為自己做一個聚寶盆**。用厚紙板做一個元寶形狀的盒子。在盒子外面塗上紅色，或者是用紅紙貼滿。盒子的上部留一個孔，就像做一個撲滿一樣。

二、**把自名字和生辰八字用紅紙寫好**，放入聚寶盆中。再把聚寶盆放在自己的床下或隱密的所在。

三、**每天晚上把自己身上或皮包中的零錢**、銅板或紙鈔全數放入聚寶盆中。每天花錢時只花整鈔，把零錢全積蓄起來。

四、**聚寶盒裝滿時，再製作一個聚寶盆，繼續裝**。並給自己訂一個時間限制，例如一年或二年後才可打開這些聚寶盆來查看清點。等時間到了時，你會發現自己竟如此的富有了。

『升官進爵』的小秘方

方法一：在自己的書桌或辦公室的左前方放置一個小風扇，大小隨意。但要注意：**用神為木、火、土的人**，需將風扇漆成紅色。也就是要鮮紅的風扇。**用神屬金的人**，要用白色風扇。用神為水的人，要用水色(淺藍)及黑色皆可的風扇。每天讓風扇轉十分鐘。冬天也如此。好讓磁場運作，兩、三個月後便會有效。最快一個月就會有效了。

方法二：倘若競爭對手已經出現，便要多考察對手的動靜，並且送給他一個地球儀，讓他放在書桌和辦公桌的左上角。此為洩氣之用。(附註，**若對方的用神是金水的人**，此法無效)。

《有關喜用神之選取，請參考法雲居士所著的『如何選取喜用神』》

『金榜題名』的小秘方

方法一：用一塊黑色的布，將寫下自己的名字及生辰八字的紅紙，與一個橘子、一小撮米(或穀)、一截菖蒲葉子、一個錢幣(古銅錢或現在的錢幣皆可)。把上述幾樣東西包起來，在晚間子時(晚上11時至凌晨1時)，**往自己喜用神的方向**，找一個山上隱蔽的所在，將黑布包著的東西埋下。並虔誠的祈禱自己會順利上榜考中。然後回家勤加努力，會有意想不到的極佳考運。

方法二：用一塊黑布，將寫下自己名字與生辰八字的紅紙，與自己一撮頭髮、幾粒自己的指甲屑、一把木尺、一本『論語』書，還要在這些東西上滴下自己的一滴血(只要一小滴即可)，將黑布包好。**選擇自己喜用神方向的山上**，在子時埋下。埋東西所挖的坑至少要三尺深才可。此法經名人證實非常有效。此即為道家密法『種生根』之法。

『得到掌權機會』的小秘方

方法一：將自己的辦公桌或書桌設置在一個背後有大窗，窗戶又能射入強烈光線的地方。並安排光線強烈時與人談判，此時即能得到最佳的機會掌握住談判優勢。(此為道家密術『白虎照堂局』)此法最利於命盤中太陽陷落的人。

方法二：在公司或團體中若想得到掌權機會，可在自己的辦公桌或家中書桌上的左上角放置一盆茂盛的黃金葛或一件紅色的擺飾。放黃金葛是掌權機會徐徐漸進的形式。放紅色擺飾可使你名聲大噪而得到掌權機會。

方法三：欲增加自己在公司或團體中的競爭力，亦可在自己的辦公桌位後或家中書桌後的牆壁上，掛上一方寶劍，自己的運勢將會過關斬將、水到渠成。

想增加與心儀的人『彼此桃花緣份』的小秘方

方法：將九十九片桃花瓣(亦可用紅色玫瑰花瓣代替）裝入一個小袋中，並將自己心儀的人的名字和自己的名字都寫在小紅色紙片上，一起放入袋中。將此袋每晚放在枕下入夢。並且每晚口唸心儀者的名字三遍。七七四十九天以後，雙方必會擦出火花。

『盼情人回心轉意』的小秘方

方法：①用兩個稻草紮的小人，或者是木頭刻的小人，用紙板剪成人形的也可以。要一男一女。把情人或配偶的生辰八字、名字寫在其中一個小人背後。再把自己的姓名、生辰八字寫在另一個小人的背後。然後把兩個小人用紅線綁在一起，紅線多繞幾圈，綁緊一點。

②再將綁好的小人，放入一個小小的木製小棺材(藝品店有售)

中。蓋好。

③將小棺材放入自己的睡床底下，放三個月至半年，此時也必須常存情人心回意轉，彼此好好相處的意念，才會有效。

防止外遇『壓桃花』的小秘方

方法：用四條紅繩綁在夫妻同睡的睡床四隻腳上，紅繩的長度綁好後必須留出一截出來，再在有外遇問題的人所睡一側的兩隻床腳所留出的一截紅繩上，壓上一塊石頭。沒有外遇的人這一側不必壓。倘若為求保險，四隻床腳所留出的紅繩都壓上石頭也沒有關係。過一段時間，外遇的一方，會因桃花被壓住而自然而然的關係消失於無形了。

『增加桃花』的小秘方

方法：增加桃花的小秘方，則是在自己睡床的四隻床腳上綑上紅繩，並留長一截紅繩出來，不要壓任何東西，則會對桃花有延伸增加的作用。

『增加桃花』的小秘方

方法：在自己房間內之『桃花位』上放置一瓶桃花，以真植物之桃花最有效。倘若時序不同，以假花代替亦可，放三個月有效。

『桃花位』之選法：

甲年生的人，桃花位在東方。
乙年生的人，桃花位在東南。
丙年生的人，桃花位在南方。
丁年生的人，桃花位在西南方。
戊年生的人，桃花位在南方。
己年生的人，桃花位在南方。
庚年生的人，桃花位在西方。
辛年生的人，桃花位在西北方。
壬年生的人，桃花位在北方。
癸年生的人，桃花位在東北方。

『接喜氣』的小秘方

方法：選出自己隨身所用之小物件，例如戒指、手環、筆、口紅、領帶夾、耳環、鑰匙串、眼鏡、項鍊、手帕等等九件物品，用紅布包起來。在婚禮的場合中請新人觸摸紅布包，替你祈福。前後須經九次、九對新人的祝福，始完成手續。然後將這些物件再帶在身邊。你很快便會有喜訊傳出。此即為『接喜氣』。

※**要找九對新人來祝福**，比較不容易，可能會等很久，最好的方法便是帶著用紅布包起來的九件小物品，到法院的婚姻公證處或教堂去等待，那裡會有很多要結婚的新人。可以很快的得到九位新人的祝福。

流年轉運術

『打小人』的小秘方

方法：用紙剪一個小的人形，上面寫上陷害自己的人的名字，拿到自家後門口或後巷中，焚三支香向四方神明、鬼兄弟拜拜稟明事由，再拿出事先預備的拖鞋，或是脫下自己的鞋子打小人形。等到香燒到香腳一定要結束，再把小人形用火燒掉，再回家去。此即為『打小人』的方法。一個禮拜後便不再犯小人了。

『求助事業順利』的小秘方

方法：在自己喜用神的方向去尋找一所廟拜拜。做生意的人找關帝廟拜拜。公務員找文昌帝君廟拜拜。一般薪水族也可找自己喜歡的神祉拜拜。祈求神明賜助智慧，事業順利。

『求助事業轉運』的小秘方

方法：準備一塊生的豬肉、一條生的魚、五個生雞蛋、一隻處理好的、生的全雞。同時再準備一塊熟的豬肉、炸熟的一尾魚、五個煮熟的雞蛋、一隻熟雞。將這些祭品分開裝著帶到一個空曠的地方，山上或沙灘處都可以，在夜間子時來拜拜。最好選有月亮的晚上。

先在地上鋪好大的紙巾或野餐巾，再將四種生的祭品放在一起，另外將熟的祭品放一起，全都放在野餐巾上。接著焚香、燒紙錢，向四周的鬼神、好兄弟拜拜，祈求眾鬼神助自己轉運。並且要冥想自己已得眾神的眷顧而脫胎換骨，並且挺直腰骨要迎接新生轉運的自己。

流年轉運術

在香燒到香腳時，冥想結束，用一塊黑布把生魚、生肉、生雞、生雞蛋四樣『生』的祭品包起來，找一處隱蔽的地方挖一個坑，埋下去。記住一定要做得很圓滿，不可讓這些祭品三、兩天便暴露出來，或被野貓、野狗挖掘出來，否則就不靈了。

生的祭品代表以前的自己。熟的祭品代表現在的自己。將以前的自己不好的運氣埋下去，代表以前的種種僻如昨日死。

再將所有熟的祭品全部丟入火盆中去燒掉，此意義代表浴火重生。

全部的儀式做完了，再向四周八方拜拜，即收拾好地面上的東西，回家去。轉運後，事業會漸漸的有轉機，慢慢變好。

因感情問題引起的『人災』轉運小秘方

方法：每日以半杯蜂蜜加半杯牛奶或果菜汁喝下去。每日多喝幾次也無妨。在感情不順的期間，多吃甜食。最好要勸配偶或事件主角的雙方都每日喝上述飲料和食品。連續喝三個月。

甜品可促進人的情緒鬆懈、緩和。多吃甜品，人的態度便不會太過激烈，用平和的思想來思考事情，比較容易找到解決事務的方法。

倘若無法勸對方喝蜂蜜，自己喝也無妨，你一定會找到以柔克剛的方法，很快便能解決『人災』問題。並且也練就你平和柔美的好脾氣了。

因子女不孝引起『人災』的轉運小秘方

方法一：帶一件與自己不合的那個子女常穿的衣物，到供奉觀士音菩薩的廟宇去拜拜許願，並向菩薩說明事由，請求觀士音菩薩的庇佑，將子女的心帶回自己的身邊。參拜許願的事要多去幾次，心誠則靈。

方法二：拿一件與自己不合有衝突的那個子女的衣物，到供奉自家祖先牌位前，先焚香默拜，並訴說情由。請自家的列祖列宗來評理。再將那件子女的衣物平鋪在地上，用家法打三下。

最後在祖先牌位前再拜，以示處罰完畢。

此後茹素一個月，等待子女改過遷善。

流年轉運術

『改善與父母、長輩關係』的轉運小秘方

方法：**買一籃上好的、父母或長輩愛吃的水果**。先帶到供奉玉皇大帝或王母娘娘的廟宇中參拜，並向上列神祉言明自己想與父母或長輩改善關係的心意，並請求祂們的協助庇福。參拜完畢，再將這籃水果帶到父母或長輩所住的家中，請他們享用。**參拜神明時與送水果給父母、長輩時**，心意都要虔誠，誠懇的心意，才會為對方接納。此法多做幾次，定可見效。

車禍的『轉運』小秘方

方法：①到市場買一塊生豬肉，大約是30公分長、10公分寬的生豬肉。拿回家後從中間切成兩半，成為30公分長、5公分寬的長形豬肉2塊。將其中一塊煮熟。

②再將生熟兩塊豬肉分別包起來帶到關聖帝君的廟宇去參拜，稟明想消除車禍的決心，請求庇佑。有些廟宇不能拜葷食，也可以在自己家中的關公像前拜拜，請求庇佑。

③拜完之後選子時，將兩塊肉分別用紅布包裹帶到山上或曠野無人的地方。先向四下的鬼神拜一拜，再打開生肉的包布，在生肉滴一滴自己的血，包起來。找一處隱蔽的地方，挖一個洞，將生

肉埋下去。生肉代表我們的身體，血代表精氣。**生肉埋好之後**，然後將熟肉的包布打開，把熟肉切成小片，把肉吃掉，再回家。若吃不完，同樣還是要埋起來。此法施行後三個月內都不會有車禍了。

身體遭傷或傷殘者的『轉運』小秘方

方法：①買一塊30公分長、10公分寬的生豬肉，但中間切成兩半。一半留做生的。一半煮熟。再準備五個熟雞蛋，將雞蛋分別塗上金、紅、綠、藍、黑五種顏色。

②再將生熟兩塊豬肉和五種顏色的雞蛋分別用紅布包起來，先帶到供奉保生大帝的廟宇去拜拜，請求神明庇護自己身體上的安

流年轉運術

寧，保佑自己今後的平安。

③**拜完之後**，選子時，將包裹著肉和蛋的布包帶到山上或曠野無人之地。先向四方鬼神拜一拜，請四方鬼神協助自己達成的改運心願，以後不要再有傷災，並且在生活上愈過愈好。

④**拜完之後，打開包生肉的紅布包**。把自己的一小撮頭髮和幾粒指甲屑放入。最好能再滴一滴自己的血(不滴也可以，改運靈動比較慢)。

⑤**再把五種顏色的雞蛋**，在蛋尖的部份挖一個小孔，從每個蛋中挖一點蛋肉吃掉。記住，仍然要保持蛋殼的完整，蛋形要圓圓的，不能破碎。

⑥**再將生肉與五色蛋**，一小撮頭髮、指甲屑等包在一起，找一個隱蔽處，挖一個洞埋起來。要埋深一點，才不會很快的暴露出在地面上。

流年轉運術

⑦再把熟肉切成小片吃一些。吃不完的仍要埋起來。處理完畢後，再向四方鬼神拜一拜，再回家。

※五色雞蛋代表運氣，也代表五路財神。生肉代表我們的身體。熟肉代表蛻變後的身體。

『火災、燒傷、燙傷』的轉運小秘方

方法一：帶水果、香蠋、紙錢到供奉「火神」的廟宇去拜拜，請求賜與平安，不再受火厄之苦。

方法二：若遇燒傷、燙傷事故，最好在家中做此改運法，化解危厄。

①去坊間書店或道教宮廟、圖書館找一張『火神像』，將火神像供奉起來，準備香案。

流年轉運術

②**用一隻殺好處理好的生雞**、一尾生魚、一塊生肉、紙錢，還要準備一件受到燒傷、燙傷者所曾經穿過的衣物。將供品和衣物放在供桌上。在『午時』向『火神』焚香拜拜、祈禱求福，請求庇護平安。

③**等香燒完，將生雞、生肉、生魚與衣物、紙錢逐一放入火盆中去燒**。最好多準備一些燃燒物將雞、肉、魚、燒焦一點，衣物也要完全燒盡。這代表以前的生命已經火化，進而產生新的生命。同時也代表火劫已經完全燒畢，從此祈願者將不再受到『火厄』的危難。

④**此儀式可在每年逢火厄的月份重複的再做**，以確保平安。

『家中遇水患』的轉運小秘方

方法一：自己或請命理師幫忙算出全家人命理結構，家中命中多水(生在亥、子月或生辰年份屬水的人)的人，最好不要住在城市中的北區及東區、西區的地區，最好選擇城市的南區居住，較不會發生水患。

方法二：①先把家中清潔消毒乾淨。

②帶香蠟紙錢、花果供品至媽祖廟、清水禪寺、觀音禪寺參拜這三種『水性』的神祉，媽祖、清水祖師、觀音大士等，向祂們祈求消除水厄的災禍，請求降福。

另外，有『水厄』的人，也可在上述宮廟中參拜完畢，並請一個護身符掛在身上，在有『水厄』的那一個流月中隨時護身，以求平安。

改變『自殺命運』的小秘方

從宗教的觀點看想要自殺的人，都認為他們是元神已經出竅，或元神被鬼神抓走、附身，故而一味的追求死亡。因此家中若有想要自殺的人，可將他們帶至宮廟內，找會法術的師父，代為施法，將元神歸位即可。

另一方法是：將『想要自殺的人』的人及其衣物帶到自家的神位前，或帶至關帝廟、二郎神廟等威武的神祉廟裡，先參拜稟明事由，再用家法或雞毛撣子鞭打衣物，並要這個想自殺的人觀看。藉此以驚醒其人，並趕走附在其身上的髒東西。

『去除久病』的小秘方

方法一：①**用五個煮熟的雞蛋**，分別塗上或噴上金、紅、綠、藍、黑五種顏色。再用紅布包起來。

②**選子時**，帶到曠野處，焚香、向四下的鬼神拜一拜，並祈禱久病的人得以解脫病困，回復健康。

③**拜完後**，打開紅布包，把每一個蛋從尖端處敲一個小孔，取出一點蛋肉，給病人吃。要保持蛋殼外觀的完好。

④**將五個有不同顏色的蛋**，用紅布再包起來，找一條河流，或

海邊丟下去，讓河水或海水沖走。然後回家。

方法二：拿一件生病者所穿過的舊衣，到院子裡或曠野中，先焚香向四方鬼神拜一下，稟明請幫助病者去病魔改運的心願。再把舊衣鋪在地上，用竹鞭或雞毛撢子拍打衣服，打四十九下，再將衣物燒掉回家。多做幾次，病人會有起色。

第十章 用流年法為『自殺格局』的人轉運

在人生格局中，有許多星曜會居於陷位，無法產生光芒，倘若再遇『羊刃』來沖撞相剋，就形成自刑的狀況。這就是『自殺命格』所形成的原因。

近年來因自殺身亡的人數節節高升。他們分別以不同的原因來結束自己的生命。某些青春期的學生，或因功課壓力，或因家庭問題而自殺了。前幾年，有兩位就讀北一女的資優同學，卻是以深入探討人生哲理而棄世。後來又有大安國中的女生，因玩普羅牌而跳樓自殺，結束了生命。

老年人多因久病纏身而厭世。也有某些人是為了『金錢』而自殺的。例如瑞芳一位礦工，因礦主惡性倒閉，不發放積欠的工資，僅為了區區八萬元而自殺，揚言給老闆好看。

另一位自殺得轟轟烈烈的人，就是前因周轉不靈而倒閉，債務纏身，歐洲傑仕堡的黃姓老闆，在美國居所，先殺死母親、妻子再自殺的事件。

這些人在走向自我毀滅的時候，到底他們的精神狀態、中心思想是如何運轉的呢？到底當時他們心中在想些什麼？這是外人所不能瞭解，而急於想知道的事情。

倘若您想瞭解這個問題，就必須從當事人的個性來著手。個性是主導一切事務的原動力與處事方法。個性也是主掌命運的舵手。

從紫微斗數中，在人的命格裡，很容易便可體查出這個人有『自殺的傾向』。

要如何從命盤中找出有『自殺傾向』的人呢？請聽我細細道來：

有自殺傾向的人分為多種狀況，有一種是自殺多次，最後成功了。這種人多半精神狀態已長期的抑鬱不佳，兼而有妄想症。他覺得另一個世界比較好，比較沒有煩惱，可以一勞永逸，倒也清靜。這些人多半是為情自殺，屬於感情用事的成份較多。以女子或久病的老人為多。

另一種是憤而自殺，例如學生不滿師長或父母而自殺。或者是因債務問題不能解決而自殺。還有一種因自身的清譽受損而憤而自殺的。多年前，有一位法官，因涉及包庇貪贖案件，自覺名譽受損而自殺。

由於自殺的原因不同，我們在觀看命格格局時，就有不同的看法了。對於自殺多次而成功的人，精神長期抑鬱屬於『自我刑剋』，我們將之歸為一類。憤而自殺的人，因是突發事件，命格中在流年、流月中逢煞星侵害而形成，我們將之歸為另一類。

長期抑鬱而自殺的命格

長期抑鬱而自殺的命格，其實早潛伏在本命的命格裡，只是不為人知而已，到了弱運的時間，便多次尋求解決生命之道。讓家人朋友緊張煩悶，自殺多次也沒死，於是家人朋友煩不勝煩的鬆弛下來，最後一次他就自殺成功了。**凡是有此種事件命格的人都有一個特性：**

一、其人命宮屬於辰、戌、丑、未四墓宮的人，此四宮也為四刑之地。辰、戌宮為『天羅地網』宮，個性難以伸展開朗、凡事有受困的感覺，若再有太陽、太陰、七殺、破軍等動感十足的星座居於陷落之位坐命於此，一生在嚐試突破困境之舉，而無法克制。心中的煩悶無法得到紓解，他們也不願向他人訴說求救，這也是孤獨憤世而自殺的原因。

二、命宮中有擎羊星與陀羅星的人。命宮中有羊刃(擎羊)即是產生『自刑』的人，個性上有抑鬱，愛多想，有時會自我怨恨，錯怪自己的人。**命宮中有陀羅星的人**，個性陰沈，不多話，常有邪惡的念頭，有時也會產生報復的措施而自殺。

太陽加羊刃坐命宮的人，尤其是太陽陷落時，其人因太陽光芒晦暗，喜歡躲在人後，不敢面對現實，又加羊刃，是容易自殺的人類。

太陰加羊刃坐命宮的人，尤其是太陰陷落時更準。

太陰坐命的人，本身就是多愁善感，個性不算開朗。命宮有太陰星時，再加羊刃，更是會胡思亂想，常因感情問題而自殺。自殺身亡

流年轉運術

的歌星于楓，就是太陰加羊刃坐命於戌宮的人。

三、命宮處於子、午、卯、酉四宮的人，多因感情問題而自殺。主要是因為子、午、卯、酉宮為四敗地，為十二長生的沐浴所在之地，故也稱四桃花敗地之故。凡坐命於此四宮的人，多好交友、重感情。感情問題複雜。**尤其是卯、酉宮，更為桃花咸池之宮**。坐命於卯、酉宮而又有羊、陀同宮的人，更有為情自殺的傾向。

四、命宮中有地劫、天空的人，一生遇事，多會有突然成泡影的問題，凡事不順利。再有羊刃同宮，在流年、流月，大運三重逢合時，會有想不開的念頭。

五、命宮中有化忌星的人，一生是非糾纏不清，遇事有阻礙難行的困擾，個性上長期的不開朗。若再有羊陀來夾，形成『羊陀夾忌』的惡局，或羊陀與劫空來沖照命宮中的化忌星，則有走向自我毀滅的可能。

六、**命宮中有陰煞星的人，或陰煞在福德宮的人**，常犯陰煞，也易犯小人。心中有鬼，易被其役使，容易走上自殺之路。

七、**廉破、火星坐命居於陷地的人**，容易想不開，會上吊自殺，或投河自盡，若再有『紅鸞、天刑』同宮或相照者，會自焚。

八、**凡是命宮中有巨門、火星、羊刃的人**，會厭世而自殺。或者是巨門、火星、羊刃在命盤中四方、三合之處照守的人，在大運、流年、流月三度逢合時，會突然自殺，以上吊或自焚、用瓦斯自裁者居多。

九、**天機陷落又有化忌坐命宮的人**，是個神經質嚴重的人，再遇『昌曲陷落』同坐命宮，精神耗弱，疑神疑鬼，會突然跳樓或上吊，讓人防不勝防。

十、**紫相坐命，再有劫空、擎羊同宮的人**，或是四殺在四方、三合地帶沖照的人，會有精神上的自我折磨，在流月、流年、大運三重逢合不如意的時候，以上吊、手槍自斃、瓦斯毒氣來結束生命。

十一、**命宮是紫微，對宮是火星沖照**。或是命宮是火星居陷，有四殺、劫空沖照。亦或是紫府坐命，有陀羅會照，此三種命格，再逢三合處有羊刃時，流年、流月、流日不利，易於跳樓自盡。

十二、**命宮中有昌曲陷落的人**，又逢『廉殺羊』、『廉殺陀』運程的人，也是神經質重的人，精神耗弱的問題嚴重，會跳樓、割腕、跳河自盡。

十三、**有天刑在命宮，而主星化忌的人**，為自我刑剋較重的人，三十歲以後會迷戀宗教。在流年、流月、大運三度重逢的日子裡，會因宗教信仰的問題而自殺。

十四、有武殺、武破、廉破坐命宮，再遇羊刃同宮或對照，三合之處又有煞星來會的人，會因財持刀，或因財務問題而自殺。其自殺的方式很壯烈。

憤而自殺的命格

凡是因氣憤而自殺的人，多半是想利用自己的死亡，給肇事起因的人一個警訊與教訓。這種狀況往往是突發性的一時興起的念頭，倘若冷靜下來，過了那個時辰，自殺的事件便不會發生了。但是在案發當時，又往往因為要自殺的人運氣已至最低弱的時候，又沒有貴人的幫助，而一命嗚呼了！凡是會憤而自殺的人，都有個性剛直、剛烈、固執、聽不進別人的勸告，也不願與人分擔憂愁、心事的人。

流年轉運術

例如：

一、**破軍坐命的人，再有羊陀、火鈴、空劫化忌來沖會**，大運、流年、流月又再走到這些星組所形成的惡局時，他也會憤而自殺。

二、**廉破坐命的人，或廉殺坐命的人**，再有羊陀、火鈴、劫空來沖照，他們會是個性陰狠狡詐的人，喜歡暗地策劃，用自殺性的同歸於盡的方式來加害他人。

因此廉破、廉殺坐命的人，再有多顆煞星沖照的話，容易從事游擊隊、敢死隊、黑道殺手的行業。

三、**紫破坐命的人、紫殺坐命的人**，又有羊刃同宮或相照，四方三合地帶煞星又多的人，會用激烈殘忍的方式自殺，並連帶傷害他人。

四、**擎羊、陀羅單星坐命的人**，都較陰毒，在對宮或四方三合地帶，再有火鈴、劫空、殺破、化忌等星沖照的人，在流年不利時會與人同歸於盡，或夾持人質，再同歸於盡。

五、有機梁坐命，再有火鈴、羊陀同宮或相照的人。心術不正，自持聰明，不走正道，流年不利犯案或尋仇時，會與對方同歸於盡。

六、本命中有擎羊、陀羅、火星、鈴星的人，其身宮又落夫妻宮的人，是個對男女情愛問題注重的人，常因愛生恨。若是夫妻宮不好，例如有破軍、七殺、巨門陷落、天刑等星，會因追不到女友，或因妻子或女友感情有變化，憤而殺之而後自殺。

七、有巨、火、羊、化忌坐命的人，或有巨、火、羊、化忌運程的人，也會突然的因某事或某人憤而自殺。

舉例：我們可以看到的于楓最壞的流年運程，應在亥年走廉貪陷落的時候，人際關係不好，財運也不好，外面的環境是火爆，不友善的。

于楓　的命盤

疾厄宮 火星 癸巳	財帛宮 天機 文曲化科 天魁 甲午	子女宮 紫微 破軍 天刑 乙未	夫妻宮 文昌化忌 陀羅 台輔 丙申
遷移宮 太陽化權 壬辰	陰女 一九六一年12月25日生 水三局		兄弟宮 天府 天空 祿存 丁酉
僕役宮 武曲 七殺 辛卯			命　宮 太陰 擎羊 戊戌
官祿宮 天同 天梁 左輔 天馬 天鉞 紅鸞 孤辰 <身宮> 庚寅	田宅宮 天相 地劫 辛丑	福德宮 巨門化祿 鈴星 右弼 庚子	父母宮 廉貞 貪狼 天姚 己亥

子年走得是巨門化祿、鈴星、右弼的運程，對宮有天機、文曲陷落化科來相照，這一年是非口舌很多，吵架有勝有敗，運氣是起伏不定的，但總比亥年好多了。有化祿，而且是巨門化祿，只要多動嘴也會有財進。

她的身宮落在官祿宮，官祿宮與夫妻宮是對照的，重事業的人也會重情愛。在流年、流月、流時三度逢合『巨、鈴、陀、化忌』等星而自殺。這也是太陰、擎羊坐命的人容易走的路。

如何阻止具有『自殺傾向命格』的人自殺及轉運方法

事實上，很多人的命格中都潛伏著『自殺命格』的跡象，某些人會突然跳樓或以各種的方法來達到結束生命的情形，常讓周圍的人很納悶、震驚。倘若你略懂一些紫微命理，其實便能很容易的找出其人在該

流年轉運術

階段可能會發生的一些行為的蛛絲馬跡。便能事先的加以防範了。

另外，人在將自殺時的一段時期內，都很有精神份外焦慮及精神恍惚的狀況。這一方面和事件有關。另一方面和居住環境、住屋風水有關。住屋太封閉、窗戶太少、太黑暗或住屋面對死巷都可能有自殺事件產生。

最近我看到兩起屋內死人的案件，非常值得探討。

近來流行購買貨櫃改裝成小木屋，並分隔兩間，做成日式內裝精緻品茶、休息的所在。這個貨櫃小木屋若是僅僅頂天立地的放在頂樓陽台或空曠的山林裡、農地裡也好。偏偏會有人再將其外再蓋一間房舍，將貨櫃木屋包裹在內形成死『困』之局。屋頂的『八』字形下，再加兩間房舍，形成，即為入斂的『斂』字，故而有喪事發生。這兩例案件，一戶是有人自殺在貨櫃小木屋內，另一人則暴斃而死，時間發生得都很快，在貨櫃小木屋完成住進去一、兩個月就發生了。

因此，我認為要為想自殺的人轉運，最好勸其趕快搬家，有好風水的房子，人的運氣旺盛，每日生活也會快樂了，就不會有想自殺的狀況了。

第十一章　用流年法為疾病問題轉運

疾病、身體弱、傷災、精神耗弱都是造成運氣每下愈況的主因。長久的疾病與帶病延年更是惡運侵臨的徵兆。要改運，便要致力自身的健康以增旺氣。

疾病的預測

一般人除非生了大病或是要開刀，才會找人算命，看看吉凶。倘若你對預卜有興趣的話，很多事情都可自己來做，而且應證起來也方便得多。

流年轉運術

我們要瞭解自己何時會有病災，當然要先瞭解自己一生的身體狀況。倘若你是個身體不佳(身弱)的人，常治久安、帶病延年，每天都在生病，預測疾病就變得沒有意義，倒是那一個月？那一天身體較舒爽，反而是值得預知的步驟。

我們首先要從自己命盤正盤中的疾厄宮裡瞭解自己可能會發生那些疾病？或是健康良好，沒有大病，但這不代表你不會傷風感冒。因此還是要小心。

通常疾厄宮中主星居廟旺之位的，健康少災。例如：紫微、天府、太陰、貪狼、天相、天同、天梁、文昌、文曲、魁鉞、火鈴等星在疾厄宮裡居廟旺之地時，一生的健康沒有問題。

『疾厄宮』主星居陷的疾病預測

【太陰居陷】時，有傷殘之災及膀胱較弱、婦女病。

【貪狼居陷】時，有神經痛、關節炎、性無能。

【天相居陷】時，有殘疾。有皮膚病、黃腫、貧血、脾臟問題以及糖尿病的問題。

【天同居陷】時，有耳疾，嚴重會耳聾、高血壓。

【天梁居陷】時，血液有雜質。

【文昌居陷】時，弱點在大腸。次為肺、肝、膽。

【文曲居陷】時，膽有問題，時好時壞。

【魁鉞居陷】時，肝病、脾胃要小心。

【火鈴居陷】時，皮膚病惱人。

『疾厄宮』顯示容易受傷的星曜

【天機星】入疾厄宮，幼年多災，有破相在頭上、顏面上。

【武曲星】入疾厄宮，自幼年一生多災，手足與頭面多傷。

【廉貞星】入疾厄宮，自幼年起易生瘡及腰足有傷。

【擎羊星】入疾厄宮，一生多災、血光之事，脊椎骨易受傷、肝病，尚有四肢無力症並促成短壽之相。若頭面破相可延壽。

【陀羅星】入疾厄宮，幼年即多災多難、成年有手足之傷。口齒、頭面有破傷的人可延壽。

『疾厄宮』顯示身體差的星曜

【七殺星】入疾厄宮，幼年多病，不好養，易生肝炎、肺病。

【破軍星】入疾厄宮，幼年多災，身體易破傷。而且易患皮膚、膿腫之病。還有支氣管炎、肺炎要小心。

【祿存星】入疾厄宮，自年幼起多病、感冒、身體不佳。注意脾、胃。

【巨門星】入疾厄宮，年輕時就會患膿血之疾、小心消化系統的毛病。

【巨門星】在『子』宮入疾厄宮，有胃病。

『疾厄宮』顯示眼疾的星曜

【太陽星】入疾厄宮，有頭痛、感冒病症。也容易有高血壓、中風及眼壓過高等現象。

太陽居陷時，有眼睛的毛病。

太陽居陷，與天空、地劫在疾厄宮者，有精神病。

【陽梁】酉宮為疾厄宮時，有眼目之疾、眼壓及血壓過高等現象。

【武破】入疾厄宮，有眼睛的毛病。

【日月】同宮有化忌、羊陀、火鈴同入疾厄宮，有眼疾。

【廉貪】入疾厄宮，易患眼病。

【廉殺】入疾厄宮，有目疾。

【太陰星】與羊陀、火鈴同入疾厄宮，有眼疾。
【貪狼星】與火、鈴同宮在疾厄宮，有眼疾。
【巨門星】與化忌同宮在疾厄宮，應小心耳疾和眼疾以及消化系統的毛病。
【天相星】與左輔、右弼同在丑宮為疾厄宮時，小心眼疾。

『疾厄宮』顯示酒色之疾的星曜

【紫貪】同入疾厄宮，會因房事過度而得病。
【同巨】入疾厄宮同宮，加羊刃、火星入疾厄宮者，會有酒色之疾。

【廉貪】入疾厄宮，起先有酒色之疾，而後性無能。

【貪狼】與擎羊、陀羅同入疾厄宮，有酒色之疾。

【巨門】與羊陀、火鈴同宮在疾厄宮，因酒色而得病。

【化忌、天馬】入疾厄宮，有色情所引起之疾病。

『疾厄宮』顯示火傷、燙傷的星曜

【天相】與右弼、祿存同宮於疾厄宮，會有因火傷、燙傷而起的外傷。

【太陽】與鈴星同宮於疾厄宮，而有擎羊、陀羅沖照著，有開刀、火傷、燙傷、刀傷之現象。

『疾厄宮』顯示胃部病變的星曜

【天府】入疾厄宮，有胃部之疾，病情輕微。
【天梁】入疾厄宮，胃部較弱。
【巨門】在『子』宮為疾厄宮者，有胃疾。
【祿存】入疾厄宮，注意胃病。
【巨門】與左輔、右弼入疾厄宮在辰、戌宮者，身體弱的部份在脾胃，有胃病。
【天鉞】入疾厄宮，注意胃部毛病。
【化祿】入疾厄宮，身體弱的部份在脾胃。
【同梁】加天馬在疾厄宮，有胃病。

【天機】與昌曲、羊陀、火鈴、劫空、化忌同宮於卯、酉、丑、未為疾厄宮者，易患胃疾。

『疾厄宮』顯示大腸病變的星曜

【文昌】入疾厄宮，身體的弱點，首在大腸。

【擎羊】入疾厄宮，注意大腸的毛病。

【七殺】入疾厄宮，年幼多病，有痔瘡和腸炎之疾。

【巨門】與左輔、右弼在辰、戌宮入疾厄宮，有消化系統的毛病。

『疾厄宮』顯示肝、肺之疾的星曜

【紫微】與天空、地劫、化忌同在疾厄宮，有支氣管炎及肺部不佳的毛病。

【天機】與昌曲、羊陀、火鈴、劫空、化忌同宮於寅申宮為疾厄宮者，有肝病。

【太陰】與擎羊同宮於疾厄宮者，有肝病。

【同梁】加天馬同宮於疾厄宮者，有肝病。

【廉破】同宮於疾厄宮，有呼吸器官及肺部疾病。

【天梁】入疾厄宮，肝、肺、腎較弱，有肝氣犯胃、腎病之症。

【七殺】入疾厄宮，幼年多病，宜注意肝炎、肺炎。

【破軍】入疾厄宮，呼吸系統較差，要注意支氣管炎及肺炎。

【文昌】入疾厄宮，肝、肺、膽較弱。

【陀羅】入疾厄宮，身體弱的部份在肺部、氣管部份。

【化權】入疾厄宮，肝較弱。

【太陽】與擎羊同入疾厄宮，要注意肝疾。

【天魁】入疾厄宮，得肝病。

『疾厄宮』顯示心臟疾病的星曜

【紫破】同宮於疾厄宮中，災少，但有心律不整，血壓與神經系統不調和之症。

【機巨】同宮於疾厄宮，有心臟病、高血壓及神經系統之毛病，應注意。

【太陽】與劫空、火鈴、化忌、擎羊同在卯宮為疾厄宮時，宜注意心臟的毛病。

【同梁】加羊陀入疾厄宮，宜注意心臟病。

『疾厄宮』顯示血液疾病的星曜

【巨門】入疾厄宮，年少時易患膿血之症。

【天相】入疾厄宮，有血氣病。

【天梁】在巳、亥宮為疾厄宮時，會有血液含雜質不淨之症。

流年轉運術

【同陰】加擎羊、陀羅入疾厄宮，有血液循環不良現象。

【武殺】同宮於疾厄宮，有血液循環不良之病。

『疾厄宮』顯示內分泌腺體疾病的星曜

【同梁】與祿存在申同宮入疾厄宮，有腺體瘤的疾病。

【紫相】同入疾厄宮，有內分泌腺體病變。

『疾厄宮』顯示精神疾病的星曜

【太陽與太陰】同在疾厄宮與天空、地劫同宮時，有精神病。

【太陰】與天空、地劫同宮於疾厄宮，有精神上病變。
【天虛】入疾厄宮，有精神疾病。
【孤辰】入疾厄宮，有精神憂鬱孤獨之病。
【太陰】、右弼在辰宮為疾厄宮時，有精神不正常的毛病。
【七殺】、火星加左輔、右弼入疾厄宮者，有精神病。

『疾厄宮』顯示有傷殘的星曜

【武殺】同宮於疾厄宮，再加羊陀、火鈴有手足傷殘的現象。
【天同、文曲】同宮於疾厄宮，再加羊陀、大耗等星，要注意車禍、禍傷之後遺症。

【廉殺】加羊、陀、火、鈴在疾厄宮，會有手足傷殘。

【廉殺】同宮於疾厄宮，有羊陀來沖照，則有腦震盪之災。

【太陰】居陷入疾厄宮，男有勞動傷害，女有傷殘之災。

【天梁】與羊陀、火鈴、天哭、天虛、地劫、天空同宮於疾厄宮時，會有肢體殘障的可能。

【破軍】與羊陀、火鈴、劫空同宮於疾厄宮時，一生多災多難，會有身體傷殘的可能。

【左輔、右弼】與羊陀、火鈴、劫空同宮於疾厄宮時，時常有災難，受傷多。

【祿存】與火星、鈴星同宮於疾厄宮，四肢有傷殘。

【天相】居陷在疾厄宮，有殘疾。

『疾厄宮』顯示濕疾之症的星曜

【天府】入疾厄宮，有濕熱、浮腫之疾。

【天相】入疾厄宮，有面皮黃腫之疾。

【天鉞】入疾厄宮，肝、膽、脾、胃、肺部有濕疾。

『疾厄宮』顯示膀胱疾病的星曜

【機梁】同宮於疾厄宮，下腹或膀胱有疾。

【化科】入疾厄宮，膀胱較弱。

【天姚】入疾厄宮，膀胱有疾。

【廉相】同宮於疾厄宮，再有凶星來沖照者，有糖尿病。

『疾厄宮』顯示皮膚疾病的星曜

【貪狼】居陷入疾厄宮，再加羊陀、火鈴，有瘋瘡，手足長雞眼等疾病。

【紫相】同宮於疾厄宮，有輕微皮膚病與腺體質毛病。

【廉府】同宮加羊陀、火鈴、空亡同宮，易患嘴唇潰爛和牙病。

【天相】入疾厄宮，有皮膚病。

【機陰】入疾厄宮，有皮膚病。

【陀羅】入疾厄宮，易患皮膚病。

【火星、鈴星】入疾厄宮，有皮膚病，易患內火及青春痘。

『疾厄宮』顯示頭痛疾病的星曜

【太陽】入疾厄宮，有經常頭痛及感冒之疾。

【陽巨】入疾厄宮，有頭痛毛病。

【廉貞】入疾厄宮，有羊、陀來沖照的人，有因腦震盪而起的頭痛。

【天梁】與地劫在『子宮』入疾厄宮的人，有頭痛腳傷之病。

【擎羊】入疾厄宮，有頭痛的毛病。

【天喜】入疾厄宮，有頭部之疾而疼痛。

【紫微】加羊陀、火鈴入疾厄宮，有頭痛毛病。

『疾厄宮』顯示耳疾的星曜

【天同】在卯、酉、丑、未宮與凶星同宮為疾厄宮者，有耳疾。

【同巨】加化忌入疾厄宮者，有耳疾、眼疾。

【巨門】與化忌同入疾厄宮者，有耳疾、眼疾。

『疾厄宮』顯示神經系統疾病的星曜

【貪狼】入疾厄宮，居陷地者，有神經痛和關節炎。

【紫破】入疾厄宮，有神經系統不調和之病。

【機巨】入疾厄宮，有神經系統之疾病。

【太陽與太陰】同宮，再有天空、地劫同入疾厄宮的人，有神經系統之疾病。

【同巨】同宮於疾厄病，有神經系統不良症。

『疾厄宮』顯示暗疾的星曜

【武曲】在寅、申宮為疾厄宮的人，有暗疾。

【武相】同宮在疾厄宮者，有破相、暗疾。

【祿存】與天空、地劫同宮於疾厄宮時，有暗疾。

【機陰】在疾厄宮，有痔瘡。

『疾厄宮』顯示有其他病變的星曜

【太陰】與右弼同宮在辰宮為疾厄宮者，有腎結石。

【右弼】入疾厄宮，易犯上火下寒之症。

【武曲】入疾厄宮，在丑未宮者，有腎虧的毛病。

【化忌】入疾厄宮，男易犯遺精，女有帶下症。

【天馬】入疾厄宮，男易犯遺精，女有帶下症。

【寡宿】入疾厄宮，有肺癆及下腹寒冷之症。

『疾厄宮』顯示容易感冒的星曜

【太陽】入疾厄宮，易於感冒、頭風之症。

【陽巨】入疾厄宮，易得感冒、頭風之症。

【紅鸞】入疾厄宮、命宮、身宮者，易傷風感冒。

『疾厄宮』顯示容易疲勞、四肢無力的星曜

【紫殺】同宮於疾厄宮，健康無病災，但常感身心疲乏、肢無力。

【擎羊】入疾厄宮的人，有頭痛、四肢無力的症狀。

『久病之人』的轉運方法

家庭中若有久病的病人，不但家中經濟會被拖跨。全家人的運氣也會被影響帶至谷底。這樣每個人的運氣都很低，彼此循環影響，生病的人就更沒有起色了。因此家中有久病的病人時，更應要想出快速一點的轉運方法不可！

家中有久病的病人有時也與風水有關，房屋的環境與格局通風的方向，也影響著住屋內人體的健康。因此若家中有久病的病人，遷居及變換環境也是可以考慮的方法。

另外，選擇到病人『喜用神方位』的醫院去看病，容易得良醫而醫癒。最好病房、床位的坐向也要合於病人喜用神的方位，磁場相合真神得用，可以補運。病房內通風太過與黑暗不通風，都是不好的接運方式。

探病的客人也要選擇臉色氣色的旺運人士來探病，他們會給病人帶來旺氣。臉色青黑運差的探訪者，也會帶來煞氣與惡運，使病人、病情更沈重。這些都是不能不注意的事。

理財贏家、非你莫屬

法雲居士⊙著

『理財』要做贏家，
就是要做『富翁』的意思！

所有的『理財贏家』都有自己出奇致勝的絕招。

有的人就知道自己的財富寶藏在那裡，
有的人卻懵懂、欠學，理財卻不贏。

世界上要學巴菲特的人很多，
但會學不像！

法雲居士用精湛的紫微命理方式，
引導你做個『理財贏家』從此改變人生，
也找到自己的富翁之路。

昌曲左右

法雲居士⊙著

在每個人的命格之中，文昌、文曲、左輔、右弼都佔有重要的位置。昌曲二星不但是主貴之星，也直接影響人的相貌、氣質和聰明度，更會為你的人生帶來不同的變化和創造不同的人生。

左輔、右弼是兩顆輔星，助善也助惡，在你的命格中，到底左輔、右弼兩顆星是和吉星同宮還是和凶星同宮呢？到底左右兩星有沒有真的幫忙到你的人生呢？

星曜特質系列包括：『殺、破、狼』上下冊、『羊陀火鈴』、『十干化忌』、『權、祿、科』、『天空地劫』、『昌曲左右』、『紫、廉、武』、『府相同梁』上下冊、『日月機巨』、『身宮和命主、身主』。此套書是法雲居士對學習紫微斗數者常忽略或弄不清星曜特質，常對自己的命格有過高的期望或過於看輕的解釋，這兩種現象都是不好的算命方式。因此以這套書來提供大家參考與印證。

如何選取喜用神

上、中、下冊

法雲居士⊙著

(上冊)選取喜用神的方法與步驟。

(中冊)日元甲、乙、丙、丁選取喜用神的重點與舉例說明。

(下冊)日元戊、己、庚、辛、壬、癸選取喜用神的重點與舉例說明。

每一個人不管命好、命壞，都會有一個用神與忌神。喜用神是人生活在地球上磁場的方位。喜用神也是所有命理知識的基礎。

及早成功、生活舒適的人，都是生活在喜用神方位的人。運蹇不順、夭折的人，都是進入忌神死門方位的人。門向、桌向、床向、財方、吉方、忌方，全來自於喜用神的方位。用神和忌神是相對的兩極。一個趨吉，一個是敗地、死門。兩者都是人類生命中最重要的部份。

你算過無數的命，但是不知道喜用神，還是枉然。法雲居士特別用簡易明瞭的方式教你選取喜用神的方法，並且幫助你找出自己大運的方向。

紫微星曜專論

法雲居士⊙著

此書為法雲居士重要著作之一，主要論述紫微斗數中的科學觀點，在大宇宙中，天文科學的星和紫微斗數中的星曜實則只是中西名稱不一樣，全數皆為真實存在的事實。

在紫微命理中的星曜，各自代表不同的意義，在不同的宮位也有不同的意義，旺弱不同也有不同的意義。在此書中讀者可從法雲居士清晰的規劃與解釋中，對每一顆紫微斗數中的星曜有清楚確切的瞭解，因此而能對命理有更深一層的認識和判斷。

此書為法雲居士教授紫微斗數之講義資料，更可為誓願學習紫微命理者之最佳教科書。